ŒUVRES COMPLÈTES ILLUSTRÉES

DE

GUY DE MAUPASSANT

SUR L'EAU

strations

DE

ANOS

Gravur
sur bois
DE
G. LEMOIN

PARIS

LIBRAIRIE OLLENDORFF

1904

SUR L'EAU

ŒUVRES COMPLÈTES ILLUSTRÉES

DE

GUY DE MAUPASSANT

BEL-AMI (Illustrations de FERDINAND BAC).

LA MAISON TELLIER (Illustrations de RENÉ LELONG).

UNE VIE (Illustrations de A. LEROUX).

MISS HARRIET (Illustrations de CH. MOREL).

MONT-ORIOL (Illustrations de FERDINAND BAC).

LES DIMANCHES D'UN BOURGEOIS DE PARIS (Illustrations de GEO-DUPUIS).

CONTES DE LA BÉCASSE (Illustrations de LUCIEN BARBUT).

AU SOLEIL (Illustrations de ANDRÉ SURÉDA).

BOULE DE SUIF (Illustrations de JEANNIOT).

NOTRE CŒUR (Illustrations de RENÉ LELONG).

YVETTE (Illustrations de CORTAZZO).

LE ROSIER DE Mᵐᵉ HUSSON (Illustrations de V. ROTTEMBOURG).

MADEMOISELLE FIFI (Illustrations de L. VALLET).

CLAIR DE LUNE (Illustrations de LUCIEN MÉTIVET).

LE HORLA (Illustrations de JULIAN-DAMAZY).

FORT COMME LA MORT (Illustrations de ANDRÉ BROUILLET).

MONSIEUR PARENT (Illustrations de JULIAN-DAMAZY).

TOINE (Illustrations de V. ROTTEMBOURG).

LA VIE ERRANTE (Illustrations de LANOS).

LA MAIN GAUCHE (Illustrations de LOBEL-RICHE).

PIERRE ET JEAN (Illustrations de GEO-DUPUIS).

CONTES DU JOUR ET DE LA NUIT (Illustrations de V. BOCCHINO).

LES SŒURS RONDOLI (Illustrations de René LELONG).

L'INUTILE BEAUTÉ (Illustrations de Maurice de LAMBERT).

LE PÈRE MILON (Ill. de Ch. HUARD).

SUR L'EAU (Ill. de LANOS).

DES VERS (Ill. de FRAIPONT).

ÉVREUX, IMPRIMERIE DE CHARLES HÉRISSEY

ŒUVRES COMPLÈTES ILLUSTRÉES

DE

GUY DE MAUPASSANT

SUR L'EAU

Illustrations de LANOS

GRAVURE SUR BOIS DE G. LEMOINE

PARIS

SOCIÉTÉ D'ÉDITIONS LITTÉRAIRES ET ARTISTIQUES

Librairie Paul Ollendorff

50, CHAUSSÉE D'ANTIN, 50

1904

IL A ÉTÉ TIRÉ A PART

Dix exemplaires sur papier du Japon
Vingt exemplaires sur papier de Chine
Vingt-cinq exemplaires sur papier vélin

Numérotés.

Ce journal ne contient aucune histoire et aucune aventure intéressantes. Ayant fait, au printemps dernier, une petite croisière sur les côtes de la Méditerranée, je me suis amusé à écrire chaque jour ce que j'ai vu et ce que j'ai pensé.

En somme, j'ai vu de l'eau, du soleil, des nuages et des roches — je ne puis raconter autre chose — et j'ai pensé simplement, comme on pense quand le flot vous berce, vous engourdit et vous promène.

1888.

SUR L'EAU

———

Je dormais profondément quand mon patron Bernard jeta du sable dans ma fenêtre. Je l'ouvris et je reçus sur le visage, dans la poitrine et jusque dans l'âme, le souffle froid et délicieux

I

de la nuit. Le ciel était limpide et bleuâtre, rendu vivant par le frémissement de feu des étoiles.

Le matelot, debout au pied du mur, disait :

— Beau temps, monsieur.

— Quel vent ?

— Vent de terre.

— C'est bien, j'arrive.

Une demi-heure plus tard, je descendais la côte à grands pas. L'horizon commençait à pâlir et je regardais au loin, derrière la baie des Anges, les lumières de Nice, puis plus loin encore, le phare tournant de Villefranche.

Devant moi Antibes apparaissait vaguement dans l'ombre éclaircie, avec ses deux tours debout sur la ville bâtie en cône et qu'enferment encore les vieux murs de Vauban.

Dans les rues, quelques chiens et quelques hommes, des ouvriers qui se lèvent. Dans le port, rien que le très léger bercement des tartanes le long du quai et l'insensible clapot de l'eau qui remue à peine. Parfois un bruit d'a-

marre qui se raidit ou le frôlement d'une barque
le long d'une coque. Les bateaux, les pierres, la
mer elle-même semblent dormir sous le firma-
ment poudré d'or et sous l'œil du petit phare qui,
debout sur la jetée, veille sur son petit
port.

Là-bas, en face du chantier du constructeur
Ardouin, j'aperçus une lueur, je sentis un mou-
vement, j'entendis des voix. On m'attendait. Le
Bel-Ami était prêt à partir.

Je descendis dans le salon qu'éclairaient les
deux bougies suspendues et balancées comme
des boussoles, au pied des canapés qui servent
de lits, la nuit venue ; j'endossai le veston de
mer en peau de bête, je me coiffai d'une chaude
casquette, puis je remontai sur le pont. Déjà les
amarres de poste avaient été larguées, et les deux
hommes, halant sur la chaîne, amenaient le
yacht à pic sur son ancre. Puis ils hissèrent la
grande voile, qui s'éleva lentement avec une
plainte monotone des poulies et de la mâture.
Elle montait large et pâle dans la nuit, cachant

le ciel et les astres, agitée déjà par les souffles du vent.

Il nous arrivait sec et froid de la montagne invisible encore qu'on sentait chargée de neige. Il était très faible, à peine éveillé, indécis et intermittent.

Maintenant, les hommes embarquaient l'ancre; je pris la barre; et le bateau, pareil à un grand fantôme, glissa sur l'eau tranquille. Pour sortir du port, il nous fallait louvoyer entre les tartanes et les goélettes ensommeillées. Nous allions d'un quai à l'autre, doucement, traînant notre canot court et rond qui nous suivait comme un petit, à peine sorti de l'œuf, suit un cygne.

Dès que nous fûmes dans la passe, entre la jetée et le fort carré, le yacht, plus ardent, accéléra sa marche et sembla s'animer comme si une gaîté fut entrée en lui. Il dansait sur les vagues légères, innombrables et basses, sillons mouvants d'une plaine illimitée. Il sentait la vie de la mer en sortant de l'eau morte du port.

Il n'y avait pas de houle, je m'engageai entre

les murs de la ville et la bouée le *Cinq-cents francs* qui indique le grand passage, puis laissant arriver vent arrière, je fis route pour doubler le cap.

Le jour naissait, les étoiles s'éteignaient, le phare de Villefranche ferma pour la dernière fois son œil tournant, et j'aperçus dans le ciel lointain, au-dessus de Nice, encore invisible, des lueurs bizarres et roses, c'étaient les glaciers des Alpes dont l'aurore allumait les cimes.

Je remis la barre à Bernard pour regarder se lever le soleil. La brise, plus fraîche, nous faisait courir sur l'onde frémissante et violette. Une cloche se mit à sonner, jetant au vent les trois coups rapides de l'*Angélus*. Pourquoi le son des cloches semble-t-il plus alerte au jour levant et plus lourd à la nuit tombante? J'aime cette heure froide et légère du matin, lorsque l'homme dort encore et que s'éveille la terre. L'air est plein de frissons mystérieux que ne connaissent point les attardés du lit. On aspire, on boit, on voit la vie qui renaît, la vie maté-

rielle du monde, la vie qui parcourt les astres
et dont le secret est notre immense tour-
ment.

Raymond disait :

— Nous aurons vent d'est tantôt.

Bernard répondit :

— Je croirais plutôt à un vent d'ouest.

Bernard, le patron, est maigre, souple, remar-
quablement propre, soigneux et prudent. Barbu
jusqu'au yeux, il a le regard bon et la voix bonne.
C'est un dévoué et un franc. Mais tout l'inquiète
en mer, la houle rencontrée soudain et qui
annonce de la brise au large, le nuage allongé
sur l'Esterel, qui révèle du mistral dans l'ouest,
et même le baromètre qui monte, car il peut indi-
quer une bourrasque de l'Est. Excellent marin
d'ailleurs, il surveille tout sans cesse et pousse
la propreté jusqu'à frotter les cuivres dès qu'une
goutte d'eau les atteint.

Raymond, son beau-frère, est un fort gars,
brun et moustachu, infatigable et hardi, aussi
franc et dévoué que l'autre, mais moins mobile

et nerveux, plus calme, plus résigné aux surprises et aux traîtrises de la mer.

Bernard, Raymond et le baromètre sont parfois en contradiction et me jouent une amusante comédie à trois personnages, dont un muet, le mieux renseigné.

— Sacristi, monsieur, nous marchons bien, disait Bernard.

Nous avons passé, en effet, le golfe de la Salis, franchi la Garoupe, et nous approchons du cap Gros, roche plate et basse allongée au ras des flots.

Maintenant, toute la chaîne des Alpes apparaît, vague monstrueuse qui menace la mer, vague de granit couronnée de neige dont tous les sommets pointus semblent des jaillissements d'écume immobile et figée. Et le soleil se lève derrière ces glaces, sur qui sa lumière tombe en coulée d'argent.

Mais voilà que, doublant le cap d'Antibes, nous découvrons les îles de Lérins, et loin par derrière, la chaîne tourmentée de l'Esterel. L'Es-

terel est le décor de Cannes, charmante montagne de keepsake, bleuâtre et découpée élégam-
ment, avec une fantaisie coquette et pourtant
artiste, peinte à l'aquarelle sur un ciel théâtral
par un créateur complaisant pour servir de
modèle aux Anglaises paysagistes et de sujet
d'admiration aux Altesses phtisiques ou désœu-
vrées.

A chaque heure du jour, l'Esterel change
d'effet et charme les yeux du *high life*.

La chaîne des monts correctement et nettement
dessinée se découpe au matin sur le ciel bleu,
d'un bleu tendre et pur, d'un bleu pourpre et joli,
d'un bleu idéal de plage méridionale. Mais le soir,
les flancs boisés des côtes s'assombrissent et
plaquent une tache noire sur un ciel de feu, sur
un ciel invraisemblablement dramatique et rouge.
Je n'ai jamais vu nulle part ces couchers de soleil
de féerie, ces incendies de l'horizon tout entier, ces
explosions de nuages, cette mise en scène habile
et superbe, ce renouvellement quotidien d'effets
excessifs et magnifiques qui forcent l'admiration

et feraient un peu sourire s'ils étaient peints par
des hommes.

Les îles de Lérins, qui ferment à l'est le golfe
de Cannes et le séparent du golfe Juan, semblent elles-mêmes deux îles d'opérette placées là
pour le plus grand plaisir des hivernants et des
malades.

De la pleine mer, où nous sommes à présent,
elles ressemblent à deux jardins d'un vert sombre poussés dans l'eau. Au large à l'extrémité de
Saint-Honorat, s'élève, le pied dans les flots, une
ruine toute romantique, vrai château de Walter
Scott, toujours battue par les vagues, et où les
moines autrefois se défendirent contre les Sarra-
zins, car Saint-Honorat appartint toujours à des
moines, sauf pendant la Révolution. L'île fut
achetée par une actrice des Français.

Château fort, religieux batailleurs, aujourd'hui
trappistes gras, souriants et quêteurs, jolie cabo-
tine venant sans doute cacher ses amours dans
cet îlot couvert de pins et de fourrés et entouré
d'un collier de rochers charmants, tout jusqu'à

ces noms à la Florian « Lérins, Saint-Honorat, Sainte-Marguerite », tout est aimable, coquet, romanesque, poétique et un peu fade sur ce délicieux rivage de Cannes.

Pour faire pendant à l'antique manoir crénelé, svelte et dressé à l'extrémité de Saint-Honorat, vers la pleine mer, Sainte-Marguerite est terminée vers la terre par la forteresse célèbre où furent enfermés le Masque de fer et Bazaine. Une passe d'un mille environ s'étend entre la pointe de la Croisette et ce château, qui a l'aspect d'une vieille maison écrasée, sans rien d'altier et de majestueux. Il semble accroupi, lourd et sournois, vraie souricière à prisonniers.

J'aperçois maintenant les trois golfes. Devant moi, au delà des îles, celui de Cannes, plus près, le golfe Juan, et derrière moi la baie des Anges, dominée par les Alpes et les sommets neigeux. Plus loin les côtes se déroulent bien au delà de la frontière italienne, et je découvre avec ma lunette, la blanche Bordighera au bout d'un cap.

Et partout, le long de ce rivage démesuré, les

villes au bord de l'eau, les villages accrochés
plus haut au flanc des monts, les innombrables
villas semées dans la verdure ont l'air d'œufs
blancs pondus sur les sables, pondus sur les
rocs, pondus dans les forêts de pins par des oiseaux monstrueux venus pendant la nuit du
pays des neiges qu'on aperçoit là-haut.

Sur le cap d'Antibes, longue excroissance de
terre, jardin prodigieux jeté entre deux mers où
poussent les plus belles fleurs de l'Europe, nous
voyons encore des villas, et tout à la pointe
Eilen-Roc, ravissante et fantaisiste habitation
qu'on vient visiter de Nice et de Cannes.

La brise tombe, le yacht ne marche plus qu'à
peine.

Après le courant d'air de terre qui règne pendant la nuit, nous attendons et nous espérons le
courant d'air de la mer, qui sera le bien reçu,
d'où qu'il vienne.

Bernard tient toujours pour l'ouest, Raymond
pour l'est, le baromètre est immobile un peu au-
dessous de 76.

Maintenant le soleil rayonne, non de la terre, rend étincelants les murs des maisons, qui, de loin, ont l'air aussi de neige éparpillée, et jette sur la mer un clair vernis lumineux et bleuté.

Peu à peu, profitant des moindres souffles, de ces caresses de l'air qu'on sent à peine sur la peau et qui cependant font glisser sur l'eau plate les yachts sensibles et bien voilés, nous dépassons la dernière pointe du cap et nous découvrons tout entier le golfe Juan, avec l'escadre au milieu.

De loin, les cuirassés ont l'air de rocs, d'îlots, d'écueils couverts d'arbres morts. La fumée d'un train court sur la rive allant de Cannes à Juan-les-Pins qui sera peut-être, plus tard, la plus jolie station de toute la côte. Trois tartanes avec leurs voiles latines, dont une est rouge et les deux autres blanches, sont arrêtées dans le passage entre Sainte-Marguerite et la terre.

C'est le calme, le calme doux et chaud d'un matin de printemps dans le midi ; et déjà, il me semble que j'ai quitté depuis des semaines,

depuis des mois, depuis des années les gens qui
parlent et qui s'agitent ; je sens entrer en moi

l'ivresse d'être seul, l'ivresse douce du repos que
rien ne troublera, ni la lettre blanche, ni la
dépêche bleue, ni le timbre de ma porte, ni
l'aboiement de mon chien. On ne peut m'appeler,

2

m'inviter, m'emmener, m'opprimer avec des sou-
rires, me harceler de politesses. Je suis seul, vraiment seul, vraiment libre. Elle court, la fumée
du train sur le rivage ! Moi je flotte dans un logis
ailé qui se balance, joli comme un oiseau, petit
comme un nid, plus doux qu'un hamac et qui
erre sur l'eau, au gré du vent, sans tenir à rien.
J'ai pour me servir et me promener deux matelots qui m'obéissent, quelques livres à lire et des
vivres pour quinze jours. Quinze jours sans parler, quelle joie !

Je fermais les yeux sous la chaleur du soleil,
savourant le repos profond de la mer, quand Bernard dit à mi-voix :

— Le brick a de l'air, là-bas.

Là-bas, en effet, très loin en face d'Agay, un
brick vient vers nous. Je vois très bien avec la
jumelle, ses voiles rondes pleines de vent.

— Bah, c'est le courant d'air d'Agay, répond
Raymond, il fait calme sur le cap Roux.

— Cause toujours, nous aurons du vent d'ouest,
répond Bernard.

Je me penche, pour regarder le baromètre dans
le salon. Il a baissé depuis une demi-heure. Je
le dis à Bernard qui sourit et murmure :

— Il sent le vent d'ouest, monsieur.

C'est fait, ma curiosité s'éveille, cette curiosité
particulière aux voyageurs de la mer, qui fait
qu'on voit tout, qu'on observe tout, qu'on se pas-
sionne pour la moindre chose. Ma lunette ne quitte
plus mes yeux, je regarde à l'horizon la couleur
de l'eau. Elle demeure toujours claire, vernie,
luisante. S'il y a du vent, il est loin encore.

Quel personnage, le vent, pour les marins ! On
en parle comme d'un homme, d'un souverain
tout-puissant, tantôt terrible, tantôt bienveillant.
C'est de lui qu'on s'entretient le plus, le long des
jours c'est à lui qu'on pense sans cesse, le long
des jours et des nuits. Vous ne le connaissez
point, gens de la terre ! Nous autres nous le
connaissons plus que notre père ou que notre
mère, cet invisible, ce terrible, ce capricieux, ce
sournois, ce traître, ce féroce. Nous l'aimons et
nous le redoutons, nous savons ses malices et ses

colères que les signes du ciel et de la mer nous
apprennent lentement à prévoir. Il nous force à
songer à lui à toute minute, à toute seconde, car
la lutte entre lui et nous ne s'interrompt jamais.
Tout notre être est en éveil pour cette bataille :
l'œil qui cherche à surprendre d'insaisissables
apparences, la peau qui reçoit sa caresse ou son
choc, l'esprit qui reconnaît son humeur, prévoit
ses surprises, juge s'il est calme ou fantasque.
Aucun ennemi, aucune femme ne nous donne autant que lui la sensation du combat, ne nous force
à tant de prévoyance, car il est le maître de la
mer, celui qu'on peut éviter, utiliser ou fuir, mais
qu'on ne dompte jamais. Et dans l'âme du marin
règne, comme chez les croyants, l'idée d'un Dieu
irascible et formidable, la crainte mystérieuse,
religieuse, infinie du vent, et le respect de sa
puissance.

— Le voilà, monsieur, me dit Bernard.

Là-bas, tout là-bas, au bout de l'horizon une
ligne d'un bleu noir s'allonge sur l'eau. Ce n'est
rien, une nuance, une ombre imperceptible, c'est

lui. Maintenant nous l'attendons, immobiles, sous
la chaleur du soleil.

Je regarde l'heure, huit heures, et je dis :

— Bigre, il est tôt, pour le vent d'ouest.

— Il soufflera dur, après-midi, répond Bernard.

Je lève les yeux sur la voile plate, molle,
morte. Son triangle éclatant semble monter jusqu'au ciel, car nous avons hissé sur la misaine
la grande flèche de beau temps dont la vergue
dépasse de deux mètres le sommet du mât. Plus
un mouvement : on se croirait sur la terre. Le
baromètre baisse toujours. Cependant la ligne
sombre aperçue au loin s'approche. L'éclat métallique de l'eau terni soudain se transforme en
une teinte ardoisée. Le ciel est pur, sans nuage.

Tout à coup autour de nous, sur la mer aussi
nette qu'une plaque d'acier, glissent de place en
place, rapides, effacés aussitôt qu'apparus, des
frissons presque imperceptibles, comme si on eut
jeté dedans mille pincées de sable menu. La voile
frémit, mais à peine, puis le gui, lentement, se

déplace vers tribord. Un souffle maintenant me
caresse la figure et les frémissements de l'eau se
multiplient autour de nous comme s'il y tombait
une pluie continue de sable. Le cotre déjà recommence à marcher. Il glisse, tout droit, et un très
léger clapot s'éveille le long des flancs. La barre
se raidit dans ma main, la longue barre de cuivre
qui semble sous le soleil une tige de feu, et la
brise, de seconde en seconde, augmente. Il va
falloir louvoyer; mais qu'importe, le bateau
monte bien au vent et le vent nous mènera, s'il
ne faiblit pas, de bordée en bordée, à Saint-
Raphaël à la nuit tombante.

Nous approchons de l'escadre dont les six cuirassés et les deux avisos tournent lentement sur
leurs angles, présentant leur proue à l'ouest. Puis
nous virons de bord pour le large, pour passer
les Formigues que signale une tour, au milieu
du golfe. Le vent fraîchit de plus en plus avec
une surprenante rapidité et la vague se lève
courte et pressée. Le yacht s'incline portant toute
sa toile et court suivi toujours du youyou dont

l'amarre est tendue et qui va, le nez en l'air, le cul dans l'eau, entre deux bourrelets d'écume.

En approchant de l'île Saint-Honorat, nous passons auprès d'un rocher nu, rouge, hérissé comme un porc-épic, tellement rugueux, armé de dents, de pointes et de griffes qu'on peut à à peine marcher dessus ; il faut poser le pied dans les creux, entre ses défenses, et avancer avec précaution ; on le nomme Saint-Ferréol.

Un peu de terre venue on ne sait d'où s'est accumulée dans les trous et les fissures de la roche ; et là dedans ont poussé des sortes de lis et de charmants iris bleus, dont la graine semble tombée du ciel.

C'est sur cet écueil bizarre, en pleine mer que fut enseveli et caché pendant cinq ans le corps de Paganini. L'aventure est digne de la vie de cet artiste génial et macabre, qu'on disait possédé du diable, si étrange d'allures, de corps, de visage, dont le talent surhumain et la maigreur prodigieuse firent un être de légende, une espèce de personnage d'Hoffmann.

Comme il retournait à Gênes, sa patrie, accompagné de son fils, qui, seul maintenant, pouvait l'entendre tant sa voix était devenue faible, il mourut à Nice, du choléra, le 27 mai 1840.

Donc, son fils embarqua sur un navire le cadavre de son père et se dirigea ver l'Italie. Mais le clergé génois refusa de donner la sépulture à ce démoniaque. La cour de Rome, consultée, n'osa point accorder son autorisation. On allait cependant débarquer le corps, lorsque la municipalité s'y opposa sous prétexte que l'artiste était mort du choléra. Gênes était alors ravagée par une épidémie de ce mal, mais on argua que la présence de ce nouveau cadavre pouvait aggraver le fléau.

Le fils de Paganini revint alors à Marseille, où l'entrée du port lui fut interdite pour les mêmes raisons. Puis, il se dirigea vers Cannes où il ne put pénétrer non plus.

Il restait donc en mer, berçant sur la vague le cadavre du grand artiste bizarre que les

hommes repoussaient de partout. Il ne savait
plus que faire, où aller, où porter ce mort sacré
pour lui, quand il vit cette roche nue de Saint-

Ferréol au milieu des flots. Il y fit débarquer le
cercueil qui fut enfoui au milieu de l'îlot.

C'est seulement en 1845 qu'il revint avec deux
amis chercher les restes de son père pour les
transporter à Gênes, dans la villa Gajona.

N'aimerait-on pas mieux que l'extraordinaire
violoniste fut demeuré sur l'écueil hérissé où

chante la vague dans les étranges découpures du roc ?

Plus loin se dresse en pleine mer le château de Saint-Honorat que nous avons aperçu en doublant le cap d'Antibes, et plus loin encore une ligne d'écueils terminée par une tour : Les Moines.

Ils sont à présent tout blancs, écumeux et bruyants.

C'est là un des points les plus dangereux de la côte pendant la nuit, car aucun feu ne le signale et les naufrages y sont assez fréquents.

Une rafale brusque nous penche à faire monter l'eau sur le pont, et je commande d'amener la flèche que le cotre ne peut plus porter sans s'exposer à casser le mât.

La lame se creuse, s'espace et moutonne, et le vent siffle, rageur, par bourrasque, un vent de menace qui crie : « prenez garde ».

— Nous serons obligés d'aller coucher à Cannes, dit Bernard.

Au bout d'une demi-heure, en effet, il fallut

amener le grand foc et le remplacer par le second
en prenant un ris dans la voile ; puis, un quart
d'heure plus tard, nous prenions un second ris.
Alors je me décidai à gagner le port de Cannes,
port dangereux que rien n'abrite, rade ouverte à
la mer du sud-ouest qui y met tous les navires
en danger. Quand on songe aux sommes considé-
rables qu'amèneraient dans cette ville les grands
yachts étrangers, s'ils y trouvaient un abri sûr, on
comprend combien est puissante l'indolence des
gens du midi qui n'ont pu encore obtenir de
l'État ce travail indispensable.

A dix heures, nous jetons l'ancre en face du vapeur le *Cannois*, et je descends à terre, désolé de ce voyage interrompu. Toute la rade est blanche d'écume.

———

Cannes, 7 avril, 9 h. du soir.

Des princes, des princes, partout des princes ! Ceux qui aiment les princes sont heureux.

A peine eus-je mis le pied, hier matin, sur la promenade de la Croisette, que j'en rencontrai trois, l'un derrière l'autre.

Dans notre pays démocratique, Cannes est devenue la ville des titres.

Si on pouvait ouvrir les esprits comme on lève le couvercle d'une casserole, on trouverait des chiffres dans la tête d'un mathématicien, des silhouettes d'acteurs gesticulant et déclamant dans la tête d'un dramaturge, la figure d'une femme dans la tête d'un amoureux, des images paillardes dans celle d'un débauché, des vers dans la cervelle d'un poète, mais dans le crâne des gens qui viennent à Cannes on trouverait des couronnes de tous les modèles, nageant comme les pâtes dans un potage.

Des hommes se réunissent dans les tripots parce qu'ils aiment les cartes, d'autres dans les champs de courses parce qu'ils aiment les chevaux. On se réunit à Cannes parce qu'on aime les Altesses Impériales et Royales.

Elles y sont chez elles, y règnent paisiblement dans les salons fidèles à défaut des royaumes dont on les a privées.

On en rencontre de grandes et de petites, de pauvres et de riches, de tristes et de gaies, pour tous les goûts. En général elles sont modestes,

cherchent à plaire et apportent dans leurs relations avec les humbles mortels, une délicatesse
et une affabilité qu'on ne retrouve presque jamais
chez nos députés, ces princes du pot aux votes.

Mais si les princes, les pauvres princes errants,
sans budgets ni sujets, qui viennent vivre en
bourgeois dans cette ville élégante et fleurie, s'y
montrent simples et ne donnent point à rire,
même aux irrespectueux, il n'en est pas de même
des amateurs d'Altesses.

Ceux-là tournent autour de leurs idoles avec
un empressement religieux et comique, et, dès
qu'ils sont privés d'une, se mettent à la recherche
d'une autre, comme si leur bouche ne pouvait
s'ouvrir que pour prononcer « Monseigneur » ou
« Madame » à la troisième personne.

On ne peut les voir cinq minutes sans qu'ils
racontent ce que leur a répondu la princesse, ce
que leur a dit le grand-duc, la promenade projetée
avec l'un et le mot spirituel de l'autre. On sent,
on voit, on devine qu'ils ne fréquentent point
d'autre monde que les personnes de sang royal,

que s'ils consentent à vous parler, c'est pour
vous renseigner exactement sur ce qu'on fait
dans ces hauteurs.

Et des luttes acharnées, des luttes où sont
employées toutes les ruses imaginables s'engagent
pour avoir à sa table, une fois au moins par sai-
son, un prince, un vrai prince, un de ceux qui
font prime. Quel respect on inspire quand on est
du lawn-tennis d'un grand-duc ou quand on a
été seulement présenté à Galles, — c'est ainsi
que s'expriment les superchics.

Se faire inscrire à la porte de ces « exilés »,
comme dit Daudet, de ces culbutés, dirait un
autre, constitue une occupation constante, délicate, absorbante, considérable. Le registre est
déposé dans le vestibule, entre deux valets dont
l'un vous offre une plume. On écrit son nom à la
suite de deux mille autres noms de toute farine
où les titres foisonnent, où les « de » fourmillent !
Puis on s'en va, fier comme si l'on venait d'être
anobli, heureux comme si on eût accompli un
devoir sacré, et on dit avec orgueil, à la première

connaissance rencontrée : « Je viens de me faire
inscrire chez le grand-duc de Gérolstein. » Puis
le soir, au dîner, on raconte avec importance :
« J'ai remarqué tantôt, sur la liste du grand-duc
de Gérolstein, les noms de X..., Y..., et Z... » Et
tout le monde écoute avec intérêt comme s'il
s'agissait d'un événement de la dernière importance.

Mais pourquoi rire et s'étonner de l'innocente
et douce manie des élégants amateurs de princes
quand nous rencontrons à Paris cinquante races
différentes d'amateurs de grands hommes, qui ne
sont pas moins amusantes.

Pour quiconque tient un salon, il importe de
pouvoir montrer des célébrités; et une chasse
est organisée afin de les conquérir. Il n'est guère
de femme du monde, et du meilleur, qui ne tienne
à avoir son artiste, ou ses artistes ; et elle donne
des dîners pour eux, afin de faire savoir à la
ville et à la province qu'on est intelligent chez
elle.

Poser pour l'esprit qu'on n'a pas mais qu'on

3

fait venir à grand bruit, ou pour les relations princières... où donc est la différence?

Les plus recherchés parmi les grands hommes par les femmes jeunes ou vieilles, sont assurément les musiciens. Certaines maisons en possèdent des collections complètes. Ces artistes ont d'ailleurs cet avantage inestimable d'être utiles dans les soirées. Mais les personnes qui tiennent à l'objet tout à fait rare, ne peuvent guère espérer en réunir deux sur le même canapé. Ajoutons qu'il n'est pas de bassesse dont ne soit capable une femme connue, une femme en vue pour orner son salon d'un compositeur illustre. Les petits soins qu'on emploie d'ordinaire pour attacher un peintre ou un simple homme de lettres, deviennent tout à fait insuffisants quand il s'agit d'un marchand de sons. On emploie vis-à-vis de lui des moyens de séduction et des procédés de louange complètement inusités. On lui baise les mains comme à un roi, on s'agenouille devant lui comme devant un Dieu, quand il a daigné exécuter lui-même son *Regina Cœli*. On porte

dans une bague un poil de sa barbe ; on se fait
une médaille, une médaille sacrée gardée entre
les seins au bout d'une chaînette d'or, avec un
bouton tombé un soir de sa culotte, après un vif
mouvement du bras qu'il avait fait en achevant
son *Doux Repos.*

Les peintres sont un peu moins prisés, bien
que fort recherchés encore. Ils ont en eux moins
de divin et plus de bohème. Leurs allures n'ont
pas assez de moelleux et surtout pas assez de
sublime. Ils remplacent souvent l'inspiration par
la gaudriole et par le coq-à-l'âne. Ils sentent un
peu trop l'atelier, enfin, et ceux qui, à force de
soins, ont perdu cette odeur-là se mettent à sentir
la pose. Et puis ils sont changeants, volages,
blagueurs. On n'est jamais sûr de les garder,
tandis que le musicien fait son nid dans la famille.

Depuis quelques années, on recherche assez
l'homme de lettres. Il a d'ailleurs de grands
avantages : il parle, il parle longtemps, il parle
beaucoup, il parle pour tout le monde, et comme

il fait profession d'intelligence, on peut l'écouter
et l'admirer avec confiance.

La femme qui se sent sollicitée par ce goût
bizarre d'avoir chez elle un homme de lettres
comme on peut avoir un perroquet dont le bavar-
dage attire les concierges voisines, a le choix
entre les poètes et les romanciers. Les poètes
ont plus d'idéal, et les romanciers plus d'imprévu.
Les poètes sont plus sentimentaux, les romanciers
plus positifs. Affaire de goût et de tempérament.
Le poète a plus de charme intime, le romancier
plus d'esprit souvent. Mais le romancier présente
des dangers qu'on ne rencontre pas chez le poète,
il ronge, pille et exploite tout ce qu'il a sous les
yeux. Avec lui on ne peut jamais être tranquille,
jamais sûr qu'il ne vous couchera point, un jour,
toute nue, entre les pages d'un livre. Son œil
est comme une pompe qui absorbe tout, comme
la main d'un voleur toujours en travail. Rien ne
lui échappe ; il cueille et ramasse sans cesse ; il
cueille les mouvements, les gestes, les intentions,
tout ce qui passe et se passe devant lui ; il

ramasse les moindres paroles, les moindres actes, les moindres choses. Il emmagasine du matin au soir des observations de toute nature dont il fait des histoires à vendre, des histoires qui courent au bout du monde, qui seront lues, discutées, commentées par des milliers et des millions de personnes. Et ce qu'il y a de terrible, c'est qu'il fera ressemblant, le gredin, malgré lui, inconsciemment, parce qu'il voit juste et qu'il raconte ce qu'il a vu. Malgré ses efforts et ses ruses pour déguiser les personnages, on dira : « Avez-vous reconnu M. X... et Mᵐᵉ Y...? Ils sont frappants. »

Certes, il est aussi dangereux pour les gens du monde de choyer et d'attirer les romanciers, qu'il le serait pour un marchand de farine d'élever des rats dans son magasin.

Et pourtant ils sont en faveur.

Donc quand une femme a jeté son dévolu sur l'écrivain qu'elle veut adopter, elle en fait le siège au moyen de compliments, d'attentions et de gâteries. Comme l'eau qui, goutte à goutte, perce le plus dur rocher, la louange tombe, à

chaque mot sur le cœur sensible de l'homme de
lettres. Alors, dès qu'elle le voit attendri, ému,
gagné par cette constante flatterie, elle l'isole,
elle coupe, peu à peu, les attaches qu'il pouvait
avoir ailleurs, et l'habitue insensiblement à venir
chez elle, à s'y plaire, à y installer sa pensée.
Pour le bien acclimater dans la maison, elle lui
ménage et lui prépare des succès, le met en lumière, en vedette, lui témoigne devant tous les
anciens habitués du lieu une considération mar-
quée, une admiration sans égale.

Alors, se sentant idole, il reste dans ce temple.
Il y trouve d'ailleurs tout avantage, car les autres
femmes essayent sur lui leurs plus délicates
faveurs pour l'arracher à celle qui l'a conquis.
Mais s'il est habile, il ne cédera point aux solli-
citations et aux coquetteries dont on l'accable.
Et plus il se montrera fidèle, plus il sera pour-
suivi, prié, aimé. Oh ! qu'il prenne garde de se
laisser entraîner par toutes ces sirènes de salons ;
il perdrait aussitôt les trois quarts de sa valeur
s'il tombait dans la circulation.

Il forme bientôt un centre littéraire, une église
dont il est le Dieu, le seul Dieu ; car les véri-
tables religions n'ont jamais plusieurs divinités.
On ira dans la maison pour le voir, l'entendre,
l'admirer, comme on vient de très loin, en certains sanctuaires. On l'enviera, lui, on l'enviera,
elle ! Ils parleront des lettres comme les prêtres
parlent des dogmes, avec science et gravité ; on
les écoutera, l'un et l'autre, et on aura, en sortant
de ce salon lettré, la sensation de sortir d'une
cathédrale.

D'autres encore sont recherchés, mais à des
degrés inférieurs : ainsi, les généraux, dédaignés
du vrai monde où ils sont classés à peine au-
dessus des députés, font encore prime dans la
petite bourgeoisie. Le député n'est demandé que
dans les moments de crise. On le ménage, par
un dîner de temps en temps, pendant les accalmies
parlementaires. Le savant a ses partisans, car
tous les goûts sont dans la nature, et le chef de
bureau lui-même est fort prisé par les gens qui
habitent au sixième étage. Mais ces gens-là ne

viennent pas à Cannes. A peine la bourgeoisie
y a-t-elle quelques timides représentants.

C'est seulement avant midi qu'on rencontre
sur la Croisette tous les nobles étrangers.

La Croisette est une longue promenade en
demi-cercle qui suit la mer depuis la pointe, en
face Sainte-Marguerite, jusqu'au port que domine
la vieille ville.

Les femmes jeunes et sveltes, — il est de bon
goût d'être maigre, — vêtues à l'anglaise, vont
d'un pas rapide, escortées par de jeunes hommes
alertes en tenue de lawn-tennis. Mais de temps
en temps, on rencontre un pauvre être décharné
qui se traîne d'un pas accablé, appuyé au bras
d'une mère, d'un frère ou d'une sœur. Ils toussent
et halètent, ces misérables, enveloppés de châles
malgré la chaleur, et nous regardent passer avec
des yeux profonds, désespérés et méchants.

Ils souffrent, ils meurent, car ce pays ravissant
et tiède, c'est aussi l'hôpital du monde et le
cimetière fleuri de l'Europe aristocrate.

L'affreux mal qui ne pardonne guère et qu'on

nomme aujourd'hui la tuberculose, le mal qui ronge, brûle et détruit par milliers les hommes, semble avoir choisi cette côte pour y achever ses victimes.

Comme de tous les coins du monde on doit la maudire cette terre charmante et redoutable, antichambre de la Mort, parfumée et douce, où tant de familles humbles et royales, princières et bourgeoises ont laissé quelqu'un, presque toutes un enfant en qui germaient leurs espérances et s'épanouissaient leurs tendresses.

Je me rappelle Menton, la plus chaude, la plus saine de ces villes d'hiver. De même que dans les cités guerrières on voit les forteresses debout sur les hauteurs environnantes, ainsi de cette plage d'agonisants on aperçoit le cimetière au sommet d'un monticule.

Quel lieu ce serait pour vivre, ce jardin où dorment les morts ! Des roses, des roses, partout des roses. Elles sont sanglantes, ou pâles, ou blanches, ou veinées de filets écarlates. Les tombes, les allées, les places vides encore et remplies demain, tout en est couvert. Leur parfum violent étourdit, fait vaciller les têtes et les jambes.

Et tous ceux qui sont couchés là avaient seize ans, dix-huit ans, vingt ans.

De tombe en tombe, on va, lisant les noms de ces êtres tués si jeunes, par l'inguérissable mal. C'est un cimetière d'enfants, un cimetière pareil à ces bals blancs où ne sont point admis les gens mariés.

De ce cimetière, la vue s'étend à gauche, sur l'Italie, jusqu'à la pointe où Bordighera allonge dans la mer ses maisons blanches ; à droite, jusqu'au cap Martin, qui trempe dans l'eau ses flancs feuillus.

Partout, d'ailleurs, le long de cet adorable rivage, nous sommes chez la Mort. Mais elle est discrète, voilée, pleine de savoir-vivre et de pudeurs, bien élevée enfin. Jamais on ne la voit face à face, bien qu'elle vous frôle à tout moment.

On dirait même qu'on ne meurt point en ce pays, car tout est complice de la fraude où se

complaît cette souveraine. Mais comme on la
sent, comme on la flaire, comme on entrevoit
parfois le bout de sa robe noire ! Certes, il faut
bien des roses et bien des fleurs de citronniers
pour qu'on ne saisisse jamais, dans la brise,
l'affreuse odeur qui s'exhale des chambres de
trépassés.

Jamais un cercueil dans les rues, jamais une
draperie de deuil, jamais un glas funèbre. Le
maigre promeneur d'hier ne passe plus sous votre
fenêtre et voilà tout.

Si vous vous étonnez de ne le plus voir et vous
inquiétez de lui, le maître d'hôtel et tous les
domestiques vous répondent avec un sourire qu'il
allait mieux et que sur l'avis du docteur il est
parti pour l'Italie. Dans chaque hôtel, en effet,
la Mort a son escalier secret, ses confidents et
ses compères.

Un moraliste d'autrefois aurait dit de bien
belles choses sur le contraste et le coudoiement
de cette élégance et de cette misère.

Il est midi, la promenade maintenant est

déserte et je retourne à bord du *Bel-Ami*, où
m'attend un déjeuner modeste préparé par les
mains de Raymond, que je retrouve en tablier
blanc et faisant frire des pommes de terre.

Pendant le reste du jour j'ai lu.

Le vent soufflait toujours avec violence et le
yacht dansait sur ses ancres, car nous avions dû
mouiller aussi celle de tribord. Le mouvement

finit par m'engourdir et je sommeillai pendant
quelque temps. Quand Bernard entra dans le
salon pour allumer des bougies, je vis qu'il était
sept heures, et comme la houle, le long du quai,
rendait le débarquement difficile, je dînai dans
mon bateau.

Puis je montai m'asseoir au grand air. Autour
de moi, Cannes étendait ses lumières. Rien de
plus joli qu'une ville éclairée, vue de la mer. A
gauche, le vieux quartier dont les maisons semblent grimper les unes sur les autres, allait mêler
ses feux aux étoiles ; à droite, les becs de gaz de
la Croisette se déroulaient comme un immense
serpent sur deux kilomètres d'étendue.

Et je pensais que dans toutes ces villas, dans
tous ces hôtels, des gens, ce soir, se sont réunis,
comme ils ont fait hier, comme ils le feront demain
et qu'ils causent. Ils causent ! de quoi ? des princes ! du temps !... Et puis ?... du temps !.... des
princes !... et puis ?... de rien !

Est-il rien de plus sinistre qu'une conversation
de table d'hôte ? J'ai vécu dans les hôtels, j'ai

subi l'âme humaine qui se montre dans toute sa
platitude. Il faut vraiment être bien résolu à la
suprême indifférence pour ne pas pleurer de chagrin, de dégoût et de honte quand on entend
l'homme parler. L'homme, l'homme ordinaire,
riche, connu, estimé, respecté, considéré, content
de lui, il ne sait rien, ne comprend rien et parle
de l'intelligence avec un orgueil désolant.

Faut-il être aveugle et saoul de fierté stupide
pour se croire autre chose qu'une bête à peine
supérieure aux autres ! Écoutez-les, assis autour
de la table, ces misérables ! Ils causent ! Ils causent avec ingénuité, avec confiance, avec douceur, et ils appellent cela échanger des idées.
Quelles idées ? Ils disent où ils se sont promenés :
« la route était bien jolie, mais il faisait un peu
froid, en revenant; » « la cuisine n'est pas mau-
vaise dans l'hôtel, bien que les nourritures de restaurant soient toujours un peu excitantes ». Et ils
racontent ce qu'ils ont fait, ce qu'ils aiment, ce
qu'ils croient.

Il me semble que je vois en eux l'horreur de

leur âme comme on voit un fœtus monstrueux
dans l'esprit-de-vin d'un bocal. J'assiste à la lente
éclosion des lieux communs qu'ils redisent toujours, je sens les mots tomber de ce grenier à sot-
tises dans leurs bouches d'imbéciles et de leurs
bouches dans l'air inerte qui les porte à mes
oreilles.

Mais leurs idées, leurs idées les plus hautes,
les plus solennelles, les plus respectées, ne sont-
elles pas l'irrécusable preuve de l'éternelle, universelle, indestructible et omnipotente bêtise ?

Toutes leurs conceptions de Dieu, du dieu ma-
ladroit qui rate et recommence les premiers êtres,
qui écoute nos confidences et les note, du dieu
gendarme, jésuite, avocat, jardinier, en cuirasse,
en robe ou en sabots, puis, les négations de Dieu
basées sur la logique terrestre, les arguments
pour et contre, l'histoire des croyances sacrées,
des schismes, des hérésies, des philosophies, les
affirmations comme les doutes, toute la puérilité
des principes, la violence féroce et sanglante des
faiseurs d'hypothèses, le chaos des contestations,

tout le misérable effort de ce malheureux être
impuissant à concevoir, à deviner, à savoir et si
prompt à croire, prouve qu'il a été jeté sur ce
monde si petit, uniquement pour boire, manger,
faire des enfants et des chansonnettes et s'entre-
tuer par passe-temps.

Heureux ceux que satisfait la vie, ceux qui
s'amusent, ceux qui sont contents !

Il est des gens qui aiment tout, que tout en-
chante. Ils aiment le soleil et la pluie, la neige
et le brouillard, les fêtes et le calme de leur logis
tout ce qu'ils voient, tout ce qu'ils font, tout ce
qu'ils disent, tout ce qu'ils entendent.

Ceux-ci mènent une existence douce, tranquille
et satisfaite au milieu de leurs rejetons. Ceux-là
ont une existence agitée de plaisirs et de distrac-
tions.

Ils ne s'ennuient ni les uns, ni les autres.

La vie, pour eux, est une sorte de spectacle
amusant dont ils sont eux-mêmes acteurs, une
chose bonne et changeante qui, sans trop les
étonner, les ravit.

Mais d'autres hommes, parcourant d'un éclair
de pensée le cercle étroit des satisfactions possi-
bles, demeurent attérés devant le néant du bonheur, la monotonie et la pauvreté des joies ter-
restres.

Dès qu'ils touchent à trente ans, tout est fini
pour eux. Qu'attendraient-ils ? Rien ne les distrait plus ; ils ont fait le tour de nos maigres
plaisirs.

Heureux ceux qui ne connaissent pas l'écœure-
ment abominable des mêmes actions toujours
répétées ; heureux ceux qui ont la force de recom-
mencer chaque jour les mêmes besognes, avec les
mêmes gestes, autour des mêmes meubles, devant
le même horizon, sous le même ciel, de sortir
par les mêmes rues où ils rencontrent les mêmes
figures et les mêmes animaux. Heureux ceux qui
ne s'aperçoivent pas avec un immense dégoût que
rien ne change, que rien ne passe et que tout se
lasse.

Faut-il que nous ayons l'esprit lent, fermé et
peu exigeant, pour nous contenter de ce qui est.

Comment se fait-il que le public du monde n'ait
pas encore crié : « Au rideau ! » n'ait pas demandé
l'acte suivant avec d'autres êtres que l'homme,
d'autres formes, d'autres fêtes, d'autres plantes,
d'autres astres, d'autres inventions, d'autres aventures ?

Vraiment, personne n'a donc encore éprouvé la
haine du visage humain toujours pareil, la haine
des animaux qui semblent des mécaniques
vivantes avec leurs instincts invariables transmis
dans leur semence du premier de leur race au
dernier, la haine des paysages éternellement semblables et la haine des plaisirs jamais renouvelés ?

Consolez-vous, dit-on, dans l'amour de la science
et des arts.

Mais on ne voit donc pas que nous sommes
toujours emprisonnés en nous-mêmes, sans parvenir à sortir de nous, condamnés à traîner le
boulet de notre rêve sans essor !

Tout le progrès de notre effort cérébral consiste
à constater des faits matériels au moyen d'ins-
truments ridiculement imparfaits, qui suppléent

cependant un peu à l'incapacité de nos organes.
Tous les vingt ans, un pauvre chercheur qui
meurt à la peine, découvre que l'air contient un
gaz encore inconnu, qu'on dégage une force im-
pondérable, inexprimable et inqualifiable en frot-
tant de la cire sur du drap, que parmi les innombrables étoiles ignorées, il s'en trouve une qu'on
n'avait pas encore signalée dans le voisinage d'une
autre, vue et baptisée depuis longtemps. Qu'importe ?

Nos maladies viennent des microbes ? Fort
bien. Mais d'où viennent ces microbes ? et les
maladies de ces invisibles eux-mêmes ? Et les so-
leils d'où viennent-ils ?

Nous ne savons rien, nous ne voyons rien, nous
ne pouvons rien, nous ne devinons rien, nous
n'imaginons rien, nous sommes enfermés, emprisonnés en nous. Et des gens s'émerveillent du
génie humain !

Les arts ? La peinture consiste à reproduire
avec des couleurs les monotones paysages sans
qu'ils ressemblent jamais à la nature, à dessiner

les hommes, en s'efforçant sans y jamais parvenir, de leur donner l'aspect des vivants. On s'acharne ainsi, inutilement, pendant des années à imiter ce qui est ; et on arrive à peine, par cette copie immobile et muette des actes de la vie, à faire comprendre aux yeux exercés ce qu'on a voulu tenter.

Pourquoi ces efforts ? Pourquoi cette imitation vaine ? Pourquoi cette reproduction banale de choses si tristes par elles-même ? Misère !

Les poètes font avec des mots ce que les peintres essayent avec des nuances. Pourquoi encore ? Quand on a lu les quatre plus habiles, les quatre plus ingénieux, il est inutile d'en ouvrir un autre. Et on ne sait rien de plus. Ils ne peuvent, eux aussi, ces hommes, qu'imiter l'homme. Ils s'épuisent en un labeur stérile. Car l'homme ne changeant pas, leur art inutile est immuable. Depuis que s'agite notre courte pensée, l'homme est le même ; ses sentiments, ses croyances, ses sensations sont les mêmes, il n'a point avancé, il n'a point reculé, il n'a point remué. A quoi me

sert d'apprendre ce que je suis, de lire ce que je
pense, de me regarder moi-même dans les banales
aventures d'un roman ?

Ah! si les poètes pouvaient traverser l'espace,
explorer les astres, découvrir d'autres univers,
d'autres êtres, varier sans cesse pour mon esprit
la nature et la forme des choses, me promener
sans cesse dans un inconnu changeant et surprenant, ouvrir des portes mystérieuses sur des hori-
zons innattendus et merveilleux, je les lirais jour
et nuit. Mais ils ne peuvent, ces impuissants, que
changer la place d'un mot, et me montrer mon
image, comme les peintres. A quoi bon ?

Car la pensée de l'homme est immobile.

Les limites précises, proches, infranchissables,
une fois atteintes, elle tourne comme un cheval
dans un cirque, comme une mouche dans une bou-
teille fermée, voletant jusqu'aux parois où elle se
heurte toujours.

Et pourtant, à défaut de mieux, il est doux de
penser, quand on vit seul.

Sur ce petit bateau que ballotte la mer, qu'une

vague peut emplir et retourner, je sais et je sens
combien rien n'existe de ce que nous connaissons,
car la terre qui flotte dans le vide est encore plus
isolée, plus perdue que cette barque sur les flots.
Leur importance est la même, leur destinée s'ac-
complira. Et je me réjouis de comprendre le néant
des croyances et la vanité des espérances qu'en-
gendra notre orgueil d'insectes !

Je me suis couché, bercé par le tangage, et j'ai
dormi d'un profond sommeil comme on dort sur
l'eau jusqu'à l'heure où Bernard me réveilla pour
me dire :

— Mauvais temps, monsieur, nous ne pouvons
pas partir ce matin.

Le vent est tombé, mais la mer, très grosse au
large, ne permet pas de faire route vers Saint-
Raphaël.

Encore un jour à passer à Cannes.

Vers midi, le vent d'ouest se leva de nouveau,
moins fort que la veille, et je résolus d'en profiter
pour aller visiter l'escadre au golfe Juan.

Le *Bel-Ami*, en traversant la rade, dansait

comme une chèvre et je dus gouverner avec
grande attention pour ne pas recevoir à chaque
vague qui nous arrivait presque par le travers,
des paquets d'eau par la figure. Mais bientôt je
gagnai l'abri des îles et je m'engageai dans le
passage sous le château fort de Sainte-Marguerite.

Sa muraille droite tombe sous les rocs battus
du flot, et son sommet ne dépasse guère la côte
peu élevée de l'île. On dirait une tête enfoncée
entre deux grosses épaules.

On voit très bien la place où descendit Bazaine.
Il n'était pas besoin d'être un gymnaste habile
pour se laisser glisser sur ces rochers complai-
sants.

Cette évasion me fut racontée en grand détail
par un homme qui se prétendait et qui pouvait
être bien renseigné.

Bazaine vivait assez libre, recevant chaque jour
sa femme et ses enfants. Or, Mme Bazaine, nature
énergique, déclara à son mari qu'elle s'éloignerait
pour toujours avec les enfants s'il ne s'évadait

pas, et elle lui exposa son plan. Il hésitait devant
les dangers de la fuite et les doutes sur le succès; mais quand il vit sa femme décidée à accom-
plir sa menace, il consentit.

Alors, chaque jour, on introduisit dans la forteresse des jouets pour les petits, toute une mi-
nuscule gymnastique de chambre. C'est avec ces
joujoux que fut fabriquée la corde à nœuds qui
devait servir au maréchal. Elle fut confectionnée
lentement, pour ne pas éveiller de soupçons, puis
cachée avec soin dans un coin du préau par une
main amie.

La date de l'évasion fut alors fixée. On choisit
un dimanche, la surveillance ayant paru moins
sévère ce jour-là.

Et Mᵐᵉ Bazaine s'absenta pour quelque temps.

Le maréchal se promenait généralement jusqu'à huit heures du soir dans le préau de la prison, en compagnie du directeur, homme aimable
dont le commerce lui plaisait. Puis il rentrait en
ses appartements, que le geôlier chef verrouillait
et cadenassait en présence de son supérieur.

Le soir de la fuite, Bazaine feignit d'être souffrant et voulut rentrer une heure plus tôt. Il pé-
nétra en effet en son logement; mais dès que le
directeur se fut éloigné pour chercher son geôlier
et le prévenir d'enfermer immédiatement le captif,
le maréchal ressortit bien vite et se cacha dans la
cour.

On verrouilla la prison vide. Et chacun rentra
chez soi.

Vers onze heures, Bazaine sortit de sa cachette
muni de l'échelle. Il l'attacha et descendit sur les
rochers.

Au jour levant un complice détacha la corde
et la jeta au pied des murs.

Vers huit heures et demie, le directeur de
Sainte-Marguerite s'informa du prisonnier, surpris de ne pas le voir encore, car il sortait tôt
chaque matin. Le valet de chambre de Bazaine
refusa d'entrer chez son maître.

A neuf heures enfin, le directeur força la porte
et trouva la cage abandonnée.

Mme Bazaine de son côté, pour exécuter ses

projets, avait été trouver un homme à qui son
mari avait rendu jadis un service capital. Elle
s'adressait à un cœur reconnaissant, et elle se fit
un allié aussi dévoué qu'énergique. Ils réglèrent
ensemble tous les détails; puis elle se rendit à
Gênes sous un faux nom et loua, sous prétexte
d'une excursion à Naples, un petit vapeur italien
au prix de mille francs par jour, en stipulant que
le voyage durerait au moins une semaine et
qu'on pourrait le prolonger d'un temps égal aux
mêmes conditions.

Le bâtiment se mit en route; mais à peine eut-
il pris la mer que la voyageuse parut changer
de résolution, et elle demanda au capitaine s'il
lui déplaisait d'aller jusqu'à Cannes chercher sa
belle-sœur. Le marin y consentit volontiers et
jeta l'ancre, le dimanche soir, au golfe Juan.

Mme Bazaine se fit mettre à terre en recomman-
dant que le canot ne s'éloignât point. Son complice dévoué l'attendait avec une autre barque sur
la promenade de la Croisette, et ils traversèrent
la passe qui sépare du continent la petite île de

Sainte-Marguerite. Son mari était là sur les roches, les vêtements déchirés, le visage meurtri,
les mains en sang. La mer étant un peu forte,
il fut contraint d'entrer dans l'eau pour gagner
la barque, qui se serait brisée contre la
côte.

Lorsqu'ils furent revenus à terre, le canot fut
abandonné.

Il regagnèrent alors la première embarcation,
puis le bâtiment resté sous vapeur. Mme Bazaine
déclara alors au capitaine que sa belle-sœur se
trouvait trop souffrante pour venir, et, montrant
le maréchal, elle ajouta :

— N'ayant pas de domestique, j'ai pris un valet de chambre. Cet imbécile vient de tomber sur
les rochers et de se mettre dans l'état où vous le
voyez. Envoyez-le, s'il vous plaît, avec les matelots, et faites-lui donner ce qu'il faut pour se
panser et recoudre ses hardes.

Bazaine alla coucher dans l'entrepont.

Or, le lendemain, au point du jour, on avait
gagné la haute mer. Mme Bazaine changea en-

core de projet, et, se disant malade, se fit recon-
duire à Gênes.

Mais la nouvelle de l'évasion était déjà connue
et le populaire, averti, s'ameuta en vociférant
sous les fenêtres de l'hôtel. Le tumulte devint
bientôt si violent que le propriétaire, épouvanté,
fit s'enfuir les voyageurs par une porte cachée.

Je donne ce récit comme il me fut fait, et je
n'affirme rien.

Nous approchons de l'escadre, dont les lourds
cuirassés, sur une seule ligne, semblent des tours
de guerre bâties en pleine mer. Voici le *Colbert*,
la *Dévastation*, l'*Amiral-Duperré*, le *Courbet*,
l'*Indomptable* et le *Richelieu*, plus deux croi-
seurs, l'*Hirondelle* et le *Milan*, et quatre tor-
pilleurs en train d'évoluer dans le golfe.

Je veux visiter le *Courbet*, qui passe pour le
type le plus parfait de notre marine.

Rien ne donne l'idée du labeur humain, du
labeur minutieux et formidable de cette petite
bête aux mains ingénieuses comme ces énormes
citadelles de fer qui flottent et marchent, portent

une armée
de soldats,
un arsenal d'ar-
mes monstrueu-
ses, et qui sont faites,
ces masses, de petits
morceaux ajustés, soudés, forgés, boulonnés, tra-

vail de fourmis et de géants, qui montre en même
temps tout le génie et toute l'impuissance et toute
l'irrémédiable barbarie de cette race si active et
si faible qui use ses efforts à créer des engins
pour se détruire elle-même.

Ceux d'autrefois, qui construisaient avec des
pierres des cathédrales en dentelle, palais féeri-
ques pour abriter des rêves enfantins et pieux,
ne valaient-ils pas ceux d'aujourd'hui, lançant sur
la mer des maisons d'acier qui sont les temples
de la mort ?

Au moment où je quitte le navire pour remon-
ter dans ma coquille, j'entends sur le rivage éclater une fusillade. C'est le régiment d'Antibes qui
fait l'exercice de tirailleurs dans les sables et
dans les sapins. La fumée monte en flocons blancs
pareils à des nuées de coton qui s'évaporent, et
on voit courir le long de la mer les culottes rouges des soldats.

Alors, les officiers de marine, intéressés soudain, braquent leurs lunettes vers la terre et leur
cœur s'anime devant ce simulacre de guerre.

Quand je
songe seulement à ce mot, la
guerre, il me vient un effarement
comme si l'on me parlait de sorcellerie, d'inqui-
sition, d'une chose lointaine, finie, abominable,
monstrueuse, contre nature.

Quand on parle d'anthropophages, nous sou-
rions avec orgueil en proclamant notre supériorité

sur ces sauvages, les vrais sauvages. Ceux qui
se battent pour manger les vaincus ou ceux qui
se battent pour tuer, rien que pour tuer ?

Les petits lignards qui courent là-bas, sont
destinés à la mort comme les troupeaux que
pousse un boucher sur les routes. Ils iront tomber dans une plaine, la tête fendue d'un coup de
sabre ou la poitrine trouée d'une balle ; et ce sont
de jeunes gens qui pourraient travailler, produire,
être utiles. Leurs pères sont vieux et pauvres ;
leurs mères qui, pendant vingt ans, les ont aimés,
adorés comme adorent les mères, apprendront
dans six mois ou un an peut-être que le fils, l'enfant, le grand enfant élevé avec tant de peine,
avec tant d'argent, avec tant d'amour, fut jeté
dans un trou comme un chien crevé, après avoir
été éventré par un boulet et piétiné, écrasé, mis
en bouillie par les charges de cavalerie. Pourquoi
a-t-on tué son garçon, son beau garçon, son seul
espoir, son orgueil, sa vie ? Elle ne sait pas. Oui,
pourquoi ?

La guerre !... se battre !... égorger !... massacrer

des hommes !... Et nous avons aujourd'hui, à
notre époque avec notre civilisation, avec l'étendue de science et le degré de philosophie où l'on
croit parvenu le génie humain, des écoles où l'on
apprend à tuer, à tuer de très loin, avec perfec-
tion, beaucoup de monde en même temps, à tuer
de pauvres diables d'hommes innocents, chargés
de famille et sans casier judiciaire.

Et le plus stupéfiant, c'est que le peuple ne se
lève pas contre le gouvernement. Quelle différence y a-t-il donc entre les monarchies et les ré-
publiques ? Le plus stupéfiant, c'est que la société
tout entière ne se révolte pas à ce seul mot de
guerre.

Ah ! nous vivrons toujours sous le poids des
vieilles et odieuses coutumes, des criminels préjugés, des idées féroces de nos barbares aïeux,
car nous sommes des bêtes, nous resterons des
bêtes que l'instinct domine et que rien ne change.

N'aurait-on pas honni tout autre que Victor
Hugo qui eût jeté ce grand cri de délivrance et
de vérité ?

« Aujourd'hui, la force s'appelle la violence et commence à être jugée ; la guerre est mise en accusation. La civilisation, sur la plainte du genre humain, instruit le procès et dresse le grand dossier criminel des conquérants et des capitaines. Les peuples en viennent à comprendre que l'agrandissement d'un forfait n'en saurait être la diminution ; que si tuer est un crime, tuer beaucoup n'en peut pas être la circonstance atténuante ; que si voler est une honte, envahir ne saurait être une gloire.

« Ah ! proclamons ces vérités absolues, déshonorons la guerre. »

Vaines colères, indignation de poète. La guerre est plus vénérée que jamais.

Un artiste habile en cette partie, un massacreur de génie, M. de Moltke, a répondu un jour, aux délégués de la paix, les étranges paroles que voici :

« La guerre est sainte, d'institution divine ; c'est une des lois sacrées du monde ; elle entretient chez les hommes tous les grands, les nobles sen-

timents : l'honneur, le désintéressement, la vertu,
le courage, et les empêche en un mot de tomber
dans le plus hideux matérialisme. »

Ainsi, se réunir en troupeaux de quatre cent
mille hommes, marcher jour et nuit sans repos,
ne penser à rien ni rien étudier, ni rien apprendre, ne rien lire, n'être utile à personne, pourrir
de saleté, coucher dans la fange, vivre comme
les brutes dans un hébétement continu, piller
les villes, brûler les villages, ruiner les peuples,
puis rencontrer une autre agglomération de viande
humaine, se ruer dessus, faire des lacs de sang,
des plaines de chair pilée mêlée à la terre boueuse
et rougie, des monceaux de cadavres, avoir les
bras ou les jambes emportés, la cervelle écra-
bouillée sans profit pour personne, et crever au
coin d'un champ, tandis que vos vieux parents,
votre femme et vos enfants meurent de faim ;
voilà ce qu'on appelle ne pas tomber dans le plus
hideux matérialisme.

Les hommes de guerre sont les fléaux du
monde. Nous luttons contre la nature, l'ignorance

contre les obstacles de toute sorte, pour rendre
moins dure notre misérable vie. Des hommes,
des bienfaiteurs, des savants usent leur existence
à travailler, à chercher ce qui peut aider, ce qui
peut secourir, ce qui peut soulager leurs frères.

Ils vont, acharnés à leur besogne utile, entas-
sant les découvertes, agrandissant l'esprit humain
élargissant la science, donnant chaque jour à
l'intelligence une somme de savoir nouveau, donnant chaque jour à leur patrie du bien-être, de
l'aisance, de la force.

La guerre arrive. En six mois, les généraux
ont détruit vingt ans d'efforts, de patience et de
génie.

Voilà ce qu'on appelle ne pas tomber dans le
plus hideux matérialisme.

Nous l'avons vue, la guerre. Nous avons vu
les hommes redevenus des brutes, affolés, tuer
par plaisir, par terreur, par bravade, par ostenta-
tion. Alors que le droit n'existe plus, que la loi
est morte, que toute notion du juste disparaît,
nous avons vu fusiller des innocents trouvés sur

une route et devenus suspects parce qu'ils avaient peur. Nous avons vu tuer des chiens enchaînés à la porte de leurs maîtres pour essayer des revolvers neufs, nous avons vu mitrailler par plaisir des vaches couchées dans un champ, sans aucune raison, pour tirer des coups de fusil, histoire de rire.

Voilà ce qu'on appelle ne pas tomber dans le plus hideux matérialisme.

Entrer dans un pays, égorger l'homme qui défend sa maison parce qu'il est vêtu d'une blouse et n'a pas un képi sur la tête, brûler les habitations de misérables qui n'ont plus de pain, casser des meubles, en voler d'autres, boire le vin trouvé dans les caves, violer les femmes trouvées dans les rues, brûler des millions de francs en poudre, et laisser derrière soi la misère et le choléra.

Voilà ce qu'on appelle ne pas tomber dans le plus hideux matérialisme.

Qu'ont-ils donc fait pour prouver même un peu d'intelligence, les hommes de guerre ? Rien.

Qu'ont-ils inventé ? Des canons, et des fusils.
Voilà tout.

L'inventeur de la brouette n'a-t-il pas plus fait
pour l'homme, par cette simple et pratique idée
d'ajuster une roue à deux bâtons, que l'inventeur
des fortifications modernes ?

Que nous reste-t-il de la Grèce ? Des livres,
des marbres. Est-elle grande parce qu'elle a
vaincu ou par ce qu'elle a produit ?

Est-ce l'invasion des Perses qui l'a empêchée
de tomber dans le plus hideux matérialisme ?

Sont-ce les invasions des barbares qui ont
sauvé Rome et l'ont régénérée ?

Est-ce que Napoléon Ier a continué le grand
mouvement intellectuel commencé par les philosophes à la fin du dernier siècle ?

Eh bien, oui, puisque les gouvernements prennent ainsi le droit de mort sur les peuples, il n'y
a rien d'étonnant à ce que les peuples prennent
parfois le droit de mort sur les gouvernements.

Ils se défendent, ils ont raison. Personne n'a
le droit absolu de gouverner les autres. On ne le

peut faire que pour le bien de ceux qu'on dirige.
Quiconque gouverne a autant le devoir d'éviter
la guerre qu'un capitaine de navire a celui d'éviter le naufrage.

Quand un capitaine a perdu son bâtiment, on
le juge et on le condamne, s'il est reconnu coupable de négligence ou même d'incapacité.

Pourquoi ne jugerait-on pas les gouvernements
après chaque guerre déclarée? Si les peuples
comprenaient cela, s'ils faisaient justice eux-
mêmes des pouvoirs meurtriers, s'ils refusaient

de se laisser tuer sans raison, s'ils se servaient de leurs armes contre ceux qui les leur ont données pour massacrer, ce jour-là la guerre serait morte... Mais ce jour ne viendra pas.

———————

— Beau temps, monsieur.

Je me lève et monte sur le pont. Il est trois heures du matin ; la mer est plate, le ciel infini ressemble à une immense voûte d'ombre ensemencée de graines de feu. Une brise très légère souffle de terre.

Le café est chaud, nous le buvons, et, sans perdre une minute pour profiter de ce vent favorable, nous partons.

Nous voilà glissant sur l'onde, vers la pleine mer. La côte disparaît ; on ne voit plus rien autour de nous que du noir. C'est là une sensation, une émotion troublante et délicieuse : s'enfoncer dans cette nuit vide, dans ce silence, sur cette eau, loin de tout. Il semble qu'on quitte le monde, qu'on ne doit plus jamais arriver nulle part, qu'il n'y aura plus de rivage, qu'il n'y aura pas de jour. A mes pieds une petite lanterne éclaire le compas qui m'indique la route. Il faut courir au moins trois milles au large pour doubler sûrement le cap Roux et le Drammont, quel que soit le vent qui donnera, lorsque le soleil sera levé. J'ai fait allumer les fanaux de position, rouge bâbord et vert tribord, pour éviter tout accident, et je jouis avec ivresse de cette fuite muette, continue et tranquille.

Tout à coup un cri s'élève devant nous. Je tressaille, car la voix est proche ; et je n'aperçois rien, rien que cette obscure muraille de ténèbres où je m'enfonce et qui se referme derrière moi. Raymond qui veille à l'avant me dit : « C'est une tartane qui va dans l'est ; arrivez un peu, monsieur, nous passons derrière. »

Et soudain, tout près, se dresse un fantôme effrayant et vague, la grande ombre flottante d'une haute voile aperçue quelques secondes et disparue presque aussitôt. Rien n'est plus étrange,

6.

plus fantastique et plus émouvant que ces appa-
ritions rapides, sur la mer, la nuit. Les pêcheurs
et les sabliers ne portent jamais de feux ; on ne
les voit donc qu'en les frôlant, et cela vous laisse
le serrement de cœur d'une rencontre surnatu-
relle.

J'entends au loin un sifflement d'oiseau. Il approche, passe et s'éloigne. Que ne puis-je errer
comme lui ?

L'aube enfin paraît, lente et douce, sans un
nuage, et le jour la suit, un vrai jour d'été.

Raymond affirme que nous aurons vent d'est,
Bernard tient toujours pour l'ouest et me conseille
de changer d'allure et de marcher tribord amures
sur le Drammont qui se dresse au loin. Je suis
aussitôt son avis et, sous la lente poussée d'une
brise agonisante, nous nous rapprochons de l'Esterel. La longue côte rouge tombe dans l'eau
bleue qu'elle fait paraître violette. Elle est
bizarre, hérissée, jolie, avec des pointes, des
golfes innombrables, des rochers capricieux et
coquets, mille fantaisies de montagne admirée.

Sur ses flancs, les forêts de sapins montent jusqu'aux cimes de granit qui ressemblent à des châ-
teaux, à des villes, à des armées de pierres courant l'une après l'autre. Et la mer est si limpide
à son pied, qu'on distingue par places les fonds
de sable et les fonds d'herbes.

Certes, en certains jours, j'éprouve l'horreur de
ce qui est jusqu'à désirer la mort. Je sens jusqu'à
la souffrance suraiguë la monotonie invariable
des paysages, des figures et des pensées. La mé-
diocrité de l'univers m'étonne et me révolte, la
petitesse de toutes choses m'emplit de dégoût,
la pauvreté des êtres humains m'anéantit.

En certains autres, au contraire, je jouis de
tout à la façon d'un animal. Si mon esprit inquiet
tourmenté, hypertrophié par le travail, s'élance
à des espérances qui ne sont point de notre race,
et puis retombe dans le mépris de tout, après en
avoir constaté le néant, mon corps de bête se
grise de toutes les ivresses de la vie. J'aime le
ciel comme un oiseau, les forêts comme un loup
rôdeur, les rochers comme un chamois, l'herbe

profonde pour m'y rouler, pour y courir comme
un cheval et l'eau limpide pour y nager comme
un poisson. Je sens frémir en moi quelque chose
de toutes les espèces d'animaux, de tous les instincts, de tous les désirs confus des créatures
inférieures. J'aime la terre comme elles et non
comme vous, les hommes, je l'aime sans l'admirer, sans la poétiser, sans m'exalter. J'aime d'un
amour bestial et profond, méprisable et sacré,
tout ce qui vit, tout ce qui pousse, tout ce qu'on
voit, car tout cela, laissant calme mon esprit,
trouble mes yeux et mon cœur, tout : les jours,
les nuits, les fleuves, les mers, les tempêtes, les
bois, les aurores, le regard et la chair des
femmes.

La caresse de l'eau sur le sable des rives ou
sur le granit des roches m'émeut et m'attendrit,
et la joie qui m'envahit, quand je me sens poussé
par le vent et porté par la vague, naît de ce que
je me livre aux forces brutales et naturelles du
monde, de ce que je retourne à la vie primitive.

Quand il fait beau comme aujourd'hui, j'ai

dans les veines le sang des vieux faunes lascifs et vagabonds, je ne suis plus le frère des hommes, mais le frère de tous les êtres et de toutes les choses !

Le soleil monte sur l'horizon. La brise tombe comme avant-hier, mais le vent d'ouest prévu par Bernard ne se lève pas plus que le vent d'est annoncé par Raymond.

Jusqu'à dix heures, nous flottons immobiles, comme une épave, puis un petit souffle du large nous remet en route, tombe, renaît, semble se moquer de nous, agacer la voile, nous promettre sans cesse la brise qui ne vient pas. Ce n'est rien, l'haleine d'une bouche ou un battement d'éventail ; cela pourtant suffit à ne pas nous laisser en place. Les marsouins, ces clowns de la mer, jouent autour de nous, jaillissent hors de l'eau d'un élan rapide comme s'ils s'envolaient, passent dans l'air plus vifs qu'un éclair, puis plongent et ressortent plus loin.

Vers une heure, comme nous nous trouvions

par le tra-
vers d'A-
gay, la bri-
se tomba
tout à fait, et je
compris que je cou-
cherais au large si je n'armais pas l'embarcation
pour remorquer le yacht et me mettre à l'abri
dans cette baie.

Je fis donc descendre deux hommes dans le
canot, et à trente mètres devant moi ils commen-
cèrent à me traîner. Un soleil enragé tombait
sur l'eau, brûlait le pont du bateau.

Les deux matelots ramaient d'une façon très lente et régulière, comme deux manivelles usées qui ne vont plus qu'à peine, mais qui continuent sans arrêt leur effort mécanique de machines.

La rade d'Agay forme un joli bassin bien abrité, fermé, d'un côté, par les rochers rouges et droits, que domine le sémaphore au sommet de la montagne, et que continue, vers la pleine mer, l'île d'Or, nommée ainsi à cause de sa couleur ; de l'autre, par une ligne de roches basses, et une petite pointe à fleur d'eau portant un phare pour signaler l'entrée.

Dans le fond, une auberge qui reçoit les capitaines des navires réfugiés là par les gros temps et les pêcheurs en été, une gare où ne s'arrêtent que deux trains par jour et où ne descend personne, et une jolie rivière s'enfonçant dans l'Esterel jusqu'au vallon nommé Malinfermet, et qui est plein de lauriers-roses comme un ravin d'Afrique.

Aucune route n'aboutit, de l'intérieur à cette baie délicieuse. Seul un sentier conduit à Saint-

Raphaël, en passant par les carrières de porphyre du Drammont ; mais aucune voiture ne le pourrait suivre. Nous sommes donc en pleine montagne.

Je résolus de me promener à pied, jusqu'à la nuit, par les chemins bordés de cistes et de lentisques. Leur odeur de plantes sauvages, violente et parfumée emplit l'air, se mêle au grand souffle de résine de la forêt immense, qui semble haleter sous la chaleur.

Après une heure de marche, j'étais en plein bois de sapins, un bois clair, sur une pente douce de montagne. Les granits pourpres, ces os de la terre, semblaient rougis par le soleil, et j'allais lentement, heureux comme doivent l'être les lézards sur les pierres brûlantes, quand j'aperçus, au sommet de la montée, venant vers moi sans me voir, deux amoureux ivres de leur rêve.

C'était joli, c'était charmant, ces deux êtres aux bras liés, descendant, à pas distraits, dans les alternatives de soleil et d'ombre qui bariolaient la côte inclinée.

Elle me parut très élégante et très simple avec une robe grise de voyage et un chapeau de feutre hardi et coquet. Lui, je ne le vis guère. Je remarquai seulement qu'il avait l'air comme il faut. Je m'étais assis derrière le tronc d'un pin pour les regarder passer. Ils ne m'aperçurent pas et continuèrent à descendre, en se tenant par la taille, sans dire un mot, tant ils s'aimaient.

Quand je ne les vis plus, je sentis qu'une tristesse m'était tombée sur le cœur. Un bonheur m'avait frôlé, que je ne connaissais point et que je pressentais le meilleur de tous. Et je revins vers la baie d'Agay, trop las, maintenant pour continuer ma promenade.

Jusqu'au soir, je m'étendis sur l'herbe, au bord de la rivière, et, vers sept heures, j'entrai dans l'auberge pour dîner.

Mes matelots avaient prévenu le patron, qui m'attendait. Mon couvert était mis dans une salle basse peinte à la chaux, à côté d'une autre table où dînaient déjà, face à face et se regardant au fond des yeux, mes amoureux de tantôt.

J'eus honte de les déranger, comme si je commettais là une chose inconvenante et vilaine.

Ils m'examinèrent quelques secondes, puis se mirent à causer tout bas.

L'aubergiste, qui me connaissait depuis longtemps, prit une chaise près de la mienne. Il me parla des sangliers et du lapin, du beau temps, du mistral, d'un capitaine italien qui avait couché là l'autre nuit, puis, pour me flatter, vanta mon yacht, dont j'apercevais par la fenêtre la coque noire et le grand mât portant au sommet mon guidon rouge et blanc.

Mes voisins, qui avaient mangé très vite, sortirent aussitôt. Moi, je m'attardai à regarder le mince croissant de la lune poudrant de lumière la petite rade. Je vis enfin mon canot qui venait à terre, rayant de son passage, l'immobile et pâle clarté tombée sur l'eau.

Descendu pour m'embarquer, j'aperçus, debout sur la plage, les deux amants qui contemplaient la mer.

Et comme je m'éloignais au bruit pressé des

avirons, je distinguais toujours leurs silhouettes
sur le rivage, leurs ombres dressées côte à côte.
Elles emplissaient la baie, la nuit, le ciel, tant
l'amour s'exhalait d'elles, s'épandait par l'horizon, les faisait grandes et symboliques.

Et quand je fus remonté sur mon bateau, je
demeurai longtemps assis sur le pont, plein de
tristesse sans savoir pourquoi, plein de regrets
sans savoir de quoi, ne pouvant me décider à
descendre enfin dans ma chambre, comme si
j'eusse voulu respirer plus longtemps un peu de
cette tendresse répandue dans l'air, autour d'eux.

Tout à coup une des fenêtres de l'auberge
s'éclairant, je vis dans la lumière leurs deux pro-
fils. Alors ma solitude m'accabla, et dans la
tiédeur de cette nuit printanière, au bruit léger
des vagues sur le sable, sous le fin croissant qui
tombait dans la pleine mer, je sentis en mon
cœur un tel désir d'aimer, que je faillis crier de
détresse.

Puis, brusquement j'eus honte de cette faiblesse
et ne voulant point m'avouer que j'étais un

homme comme les autres, j'accusai le clair de
lune de m'avoir troublé la raison.

J'ai toujours cru d'ailleurs que la lune exerce

sur les cervelles humaines une influence mystérieuse.

Elle fait divaguer les poètes, les rend délicieux
ou ridicules et produit, sur la tendresse des
amoureux, l'effet de la bobine de Ruhmkorff sur
les courants électriques. L'homme qui aime nor-
malement sous le soleil, adore frénétiquement
sous la lune.

Une femme jeune et charmante me soutint un jour, je ne sais plus à quel propos, que les coups de lune sont mille fois plus dangereux que les coups de soleil. On les attrape, disait-elle, sans s'en douter, en se promenant par les belles nuits, et on n'en guérit jamais; on reste fou, non pas fou furieux, fou à enfermer, mais fou d'une folie spéciale, douce et continue; on ne pense plus, en rien, comme les autres hommes.

Certes, j'ai dû, ce soir, recevoir un coup de lune, car je me sens déraisonnable et délirant; et le petit croissant qui descend vers la mer m'émeut, m'attendrit et me navre.

Qu'a-t-elle donc de si séduisant cette lune, vieil astre défunt, qui promène dans le ciel sa face jaune et sa triste lumière de trépassée pour nous troubler ainsi, nous autres que la pensée vagabonde agite?

L'aimons-nous parce qu'elle est morte? comme dit le poète Haraucourt:

Puis ce fut l'âge blond des tiédeurs et des vents.
La lune se peupla de murmures vivants:

Elle eut des mers sans fond et des fleuves sans nombre,
Des troupeaux, des cités, des pleurs, des cris joyeux,
Elle eut l'amour; elle eut ses arts, ses lois, ses dieux,
    Et lentement rentra dans l'ombre.

L'aimons-nous parce que les poètes, à qui nous devons l'éternelle illusion dont nous sommes enveloppés en cette vie, ont troublé nos yeux par toutes les images aperçues dans ses rayons, nous ont appris à comprendre de mille façons, avec notre sensibilité exaltée, le monotone et doux effet qu'elle promène autour du monde ?

Quand elle se lève derrière les arbres, quand elle verse sa lumière frissonnante sur un fleuve qui coule, quand elle tombe à travers les branches sur le sable des allées, quand elle monte solitaire dans le ciel noir et vide, quand elle s'abaisse vers la mer, allongeant sur la face onduleuse et liquide une immense traînée de clarté, ne sommes-nous pas assaillis par tous les vers charmants qu'elle inspira aux grands rêveurs ?

Si nous allons, l'âme gaie, par la nuit, et si nous la voyons, toute ronde, ronde comme un

7

œil jaune qui nous regarderait, perchée juste au-
dessus d'un toit, l'immortelle ballade de Musset
se met à chanter dans notre mémoire.

Et n'est-ce pas lui, le poète railleur, qui nous
la montre aussitôt avec ses yeux ?

> C'était dans la nuit brune,
> Sur le clocher jauni
> La lune
> Comme un point sur un i.
> Lune, quel esprit sombre
> Promène au bout d'un fil,
> Dans l'ombre,
> Ta face ou ton profil ?

Si nous nous promenons, un soir de tristesse,
sur une plage, au bord de l'Océan, qu'elle illu-
mine, ne nous mettons-nous pas, presque malgré nous, à réciter ces deux vers si grands et si
mélancoliques :

Seule au-dessus des mers, la lune voyageant,
Laisse dans les flots noirs tomber ses pleurs d'argent.

Si nous nous réveillons, dans notre lit, qu'é-
claire un long rayon entrant par la fenêtre, ne

nous semble-t-il pas aussitôt voir descendre vers
nous la figure blanche qu'évoque Catulle Mendès :

> Elle venait, avec un lis dans chaque main,
> La pente d'un rayon lui servant de chemin

Si, marchant le soir, par la campagne, nous
entendons tout à coup quelque chien de ferme
pousser sa plainte longue et sinistre, ne sommes-
nous pas frappés brusquement par le souvenir de
l'admirable pièce de Leconte de Lisle, les *Hur-*
leurs ?

> Seule, la lune pâle, en écartant la nue,
> Comme une morne lampe, oscillait tristement.
> Monde muet, marqué d'un signe de colère,
> Débris d'un globe mort au hasard dispersé,
> Elle laissait tomber de son orbe glacé
> Un reflet sépulcral sur l'océan polaire.

Par un soir de rendez-vous, l'on va tout doucement dans le chemin, serrant la taille de la
bien-aimée, lui pressant la main et lui baisant la
tempe. Elle est un peu lasse, un peu émue et
marche d'un pas fatigué. Un banc apparaît, sous

les feuilles que mouille comme une onde calme la douce lumière.

Est-ce qu'ils n'éclatent pas dans notre esprit, dans notre cœur, ainsi qu'une chanson d'amour exquise, les deux vers charmants :

> Et réveiller, pour s'asseoir à sa place,
> Le clair de lune endormi sur le banc.

Peut-on voir le croissant dessiner, comme ce soir, dans un grand ciel ensemencé d'astres, son fin profil, sans songer à la fin de ce chef-d'œuvre de Victor Hugo qui s'appelle : *Booz endormi* :

> . . . . Et Ruth se demandait,
> Immobile, ouvrant l'œil à demi sous ses voiles,
> Quel Dieu, quel moissonneur de l'éternel été
> Avait, en s'en allant, négligemment jeté
> Cette faucille d'or dans le champ des étoiles.

Et qui donc a jamais mieux dit que Hugo, la lune galante et tendre aux amoureux ?

> La nuit vint, tout se tut ; les flambeaux s'éteignirent ;
> Dans les bois assombris, les sources se plaignirent.

Le rossignol, caché dans son nid ténébreux,
Chanta comme un poète et comme un amoureux.
Chacun se dispersa sous les profonds feuillages ;
Les folles, en riant, entraînèrent les sages ;
L'amante s'en alla dans l'ombre avec l'amant ;
Et troublés comme on l'est en songe, vaguement,
Ils sentaient par degrés se mêler à leur âme,
A leurs discours secrets, à leurs regards de flamme,
A leurs cœurs, à leurs sens, à leur molle raison,
Le clair de lune bleu qui baignait l'horizon.

Et je me rappelle aussi cette admirable prière à la lune qui ouvre le onzième livre de *l'Ane d'Or* d'Apulée.

Mais ce n'est point assez pourtant que toutes ces chansons des hommes pour mettre en notre cœur la tristesse sentimentale que ce pauvre astre nous inspire.

Nous plaignons la lune, malgré nous, sans savoir pourquoi, sans savoir de quoi, et, pour cela, nous l'aimons.

La tendresse que nous lui donnons est mêlée aussi de pitié ; nous la plaignons comme une vieille fille, car nous devinons vaguement, malgré les poètes, que ce n'est point une morte, mais une vierge.

Les planètes, comme
les femmes, ont besoin d'un époux, et la pauvre
lune dédaignée du soleil n'a-t-elle pas simplement coiffé sainte Catherine, comme nous le
disons ici-bas?

Et c'est pour cela qu'elle nous emplit, avec sa
clarté timide, d'espoirs irréalisables et de désirs
inaccessibles. Tout ce que nous attendons obscurément et vainement sur cette terre, agite notre
cœur comme une sève impuissante et mystérieuse
sous les pâles rayons de la lune. Nous devenons

les yeux levés sur elle, frémissants de rêves impossibles et assoiffés d'inexprimables tendresses.

L'étroit croissant, un fil d'or, trempait maintenant dans l'eau sa pointe aiguë, et il plongea doucement, lentement, jusqu'à l'autre pointe, si fine que je ne la vis pas disparaître.

Alors je levai mon regard vers l'auberge. La fenêtre éclairée venait de se fermer. Une lourde détresse m'écrasa, et je descendis dans ma chambre.

A peine couché, je sentis que je ne dormirais pas, et je demeurai sur le dos, les yeux fermés, la pensée en éveil, les nerfs vibrants. Aucun mouvement, aucun son proche ou lointain, seule la respiration des deux marins traversait la mince cloison de bois.

Soudain quelque chose grinça. Quoi ? je ne sais, une poulie dans la mâture, sans doute ; mais le ton si doux, si douloureux, si plaintif de ce bruit fit tressaillir toute ma chair ; puis rien, un silence infini allant de la terre aux étoiles ; rien, pas un souffle, pas un frisson de l'eau ni une vibration du yacht ; rien, puis tout à coup l'inconnaissable et si grêle gémissement recommença. Il me sembla, en l'entendant, qu'une lame ébréchée sciait mon cœur. Comme certains bruits, certaines notes, certaines voix nous déchirent, nous jettent en une seconde dans l'âme tout ce qu'elle peut contenir de douleur, d'affolement et d'angoisse. J'écoutais attendant, et je l'entendis encore, ce bruit qui semblait sorti de moi-même, arraché à mes nerfs, ou plutôt qui résonnait en moi comme un appel intime, profond et désolé ! Oui, c'était une voix cruelle, une voix connue, attendue, et qui me désespérait. Il passait sur moi ce son faible et bizarre, comme un semeur d'épouvante et de délire, car il eut aussitôt la puissance d'éveiller l'affreuse détresse sommeillant toujours au fond du cœur de tous les vivants. Qu'était-ce ? C'était la voix qui crie sans fin dans notre âme et qui nous reproche d'une façon continue, obscurément et douloureusement, torturante, harcelante, inconnue, inapaisable, inoubliable, féroce, qui nous reproche tout ce que nous avons fait et en même temps tout ce que nous n'avons pas fait, la voix des vagues remords, des regrets sans retours, des jours finis, des femmes rencontrées

qui nous auraient aimé peut-être, des choses
disparues, des joies vaines, des espérances mor-
tes ; la voix de ce qui passe, de ce qui fuit, de ce
qui trompe, de ce qui disparaît, de ce que nous
n'avons pas atteint, de ce que nous n'atteindrons
jamais, la maigre petite voix qui crie l'avorte-
ment de la vie, l'inutilité de l'effort, l'impuissance de l'esprit et la faiblesse de la chair.

Elle me disait dans ce court murmure, toujours
recommençant après les mornes silences de la
nuit profonde, elle me disait tout ce que j'aurais
aimé, tout ce que j'avais confusément désiré,
attendu, rêvé, tout ce que j'aurais voulu voir,
comprendre, savoir, goûter, tout ce que mon
insatiable et pauvre et faible esprit avait effleuré
d'un espoir inutile, tout ce vers quoi il avait
tenté de s'envoler, sans pouvoir briser la chaîne
d'ignorance qui le tenait.

Ah! j'ai tout convoité sans jouir de rien. Il
m'aurait fallu la vitalité d'une race entière, l'intelligence diverse éparpillée sur tous les êtres,
toutes les facultés, toutes les forces, et mille

existences en réserve, car je porte en moi tous les appétits et toutes les curiosités, et je suis réduit à tout regarder sans rien saisir.

Pourquoi donc cette souffrance de vivre alors que la plupart des hommes n'en éprouvent que la satisfaction ? Pourquoi cette torture inconnue qui me ronge ? Pourquoi ne pas connaître la réalité des plaisirs, des attentes et des jouissances ?

C'est que je porte en moi cette seconde vue qui est en même temps la force et toute la misère des écrivains. J'écris parce que je comprends et je souffre de tout ce qui est, parce que je le connais trop et surtout parce que, sans le pouvoir goûter, je le regarde en moi-même, dans le miroir de ma pensée.

Qu'on ne nous envie pas, mais qu'on nous plaigne, car voici en quoi l'homme de lettres diffère de ses semblables.

En lui aucun sentiment simple n'existe plus. Tout ce qu'il voit, ses joies, ses plaisirs, ses souffrances, ses désespoirs deviennent instantanément des sujets d'observation. Il analyse malgré tout, malgré lui, sans fin, les cœurs, les visages, les gestes, les intonations. Sitôt qu'il a vu, quoi qu'il ait vu, il lui faut le pourquoi. Il n'a pas un élan, pas un cri, pas un baiser qui soient francs, pas une de ces actions instantanées qu'on fait parce qu'on doit les faire, sans savoir, sans réfléchir, sans comprendre, sans se rendre compte ensuite.

S'il souffre, il prend note de sa souffrance et la classe dans sa mémoire; il se dit, en revenant du cimetière où il a laissé celui ou celle qu'il aimait le plus au monde : « C'est singulier ce que j'ai ressenti; c'était comme une ivresse douloureuse, etc... » Et alors il se rappelle tous les détails, les attitudes des voisins, les gestes faux, les fausses douleurs, les faux visages, et mille petites choses insignifiantes, des observations artistiques, le signe de croix d'une vieille qui tenait un enfant par la main, un rayon de lumière dans une fenêtre, un chien qui traversa le convoi, l'effet de la voiture funèbre sous les grands ifs

du cimetière, la tête du croquemort et la contrac-
tion des traits, l'effort des quatre hommes qui
descendaient la bière dans la fosse, mille choses
enfin qu'un brave homme souffrant de toute son
âme, de tout son cœur, de toute sa force, n'aurait
jamais remarquées.

Il a tout vu, tout retenu, tout noté, malgré lui,
parce qu'il est avant tout un homme de lettres
et qu'il a l'esprit construit de telle sorte que la
répercussion, chez lui, est bien plus vive, plus
naturelle, pour ainsi dire, que la première secousse, l'écho plus sonore que le son pri-
mitif.

Il semble avoir deux âmes, l'une qui note,
explique, commente chaque sensation de sa voisine, l'âme naturelle, commune à tous les hommes; et il vit condamné à être toujours, en toute
occasion, un reflet de lui-même et un reflet des
autres, condamné à se regarder sentir, agir,
aimer, penser, souffrir, et à ne jamais souffrir,
penser, aimer, sentir comme tout le monde, bon-
nement, franchement, simplement, sans s'analy-

ser soi-même après chaque joie et après chaque
sanglot.

S'il cause, sa parole semble souvent médisante,
uniquement parce que sa pensée est clairvoyante
et qu'il désarticule tous les ressorts cachés des
sentiments et des actions des autres.

S'il écrit, il ne peut s'abstenir de jeter en ses
livres tout ce qu'il a vu, tout ce qu'il a compris,
tout ce qu'il sait; et cela sans exception pour les
parents, les amis, mettant à nu, avec une impar-
tialité cruelle, les cœurs de ceux qu'il aime ou
qu'il a aimés, exagérant même, pour grossir
l'effet, uniquement préoccupé de son œuvre et
nullement de ses affections.

Et s'il aime, s'il aime une femme, il la dissèque
comme un cadavre dans un hôpital. Tout ce
qu'elle dit, ce qu'elle fait est instantanément
pesé dans cette délicate balance de l'observation
qu'il porte en lui, et classé à sa valeur documen-
taire. Qu'elle se jette à son cou dans un élan irré-
fléchi, il jugera le mouvement en raison de son
opportunité, de sa justesse, de sa puissance dra-

matique, et le condamnera tacitement s'il le sent faux ou mal fait.

Acteur et spectateur de lui-même et des autres, il n'est jamais acteur seulement comme les bonnes gens qui vivent sans malice. Tout, autour de lui, devient de verre, les cœurs, les actes, les intentions secrètes, et il souffre d'un mal étrange, d'une sorte de dédoublement de l'esprit, qui fait de lui un être effroyablement vibrant, machiné, compliqué et fatigant pour lui-même.

Sa sensibilité particulière et maladive le change en outre en écorché vif pour qui presque toutes les sensations sont devenues des douleurs.

Je me rappelle les jours noirs où mon cœur fut tellement déchiré par des choses aperçues une seconde, que les souvenirs de ces visions demeurent en moi comme des plaies.

Un matin, avenue de l'Opéra, au milieu du public remuant et joyeux que le soleil de mai grisait, j'ai vu passer soudain un être innommable, une vieille courbée en deux, vêtue de loques qui furent des robes, coiffée d'un chapeau de paille noir, tout dépouillé de ses ornements anciens, rubans et fleurs disparus depuis des temps indéfinis. Et elle allait, traînant ses pieds si péniblement que je ressentais au cœur, autant qu'elle-même, plus qu'elle-même, la douleur de tous ses pas. Deux cannes la soutenaient. Elle passait sans voir personne, indifférente à tout, au bruit, aux gens, aux voitures, au soleil ! Où allait-elle ? Vers quel taudis ? Elle portait dans un papier qui pendait au bout d'une ficelle quelque chose. Quoi ? du pain ? Oui, sans doute. Personne, aucun voisin n'ayant pu ou voulu faire pour elle cette course, elle avait entrepris, elle, ce voyage horrible, de sa mansarde au boulanger. Deux heures de route au moins pour aller et venir. Et quelle route douloureuse ! Quel chemin de la croix plus effroyable que celui du Christ !

Je levai les yeux vers les toits des maisons immenses. Elle allait là-haut. Quand y serait-elle ? Combien de repos haletants sur les marches, dans le petit escalier noir et tortueux ?

Tout le monde se retournait pour la regarder.

On murmurait : « Pauvre femme ! » puis on passait. Sa jupe, son haillon de jupe, traînait sur le trottoir, à peine attachée sur son débris de corps. Et il y avait une pensée là-dedans ! Une pensée ? Non, mais une souffrance épouvantable, incessante, harcelante ! Oh ! la misère des vieux sans pain, des vieux sans espoir, sans enfants, sans argent, sans rien autre chose que la mort devant eux, y pensons-nous ? Y pensons-nous, aux vieux affamés des mansardes ? Pensons-nous aux larmes de ces yeux ternes, qui furent brillants, émus et joyeux, jadis ?

Une autre fois, il pleuvait, j'allais seul, chassant par la plaine normande, par les grands labourés de boue grasse qui fondaient et glissaient sous mon pied. De temps en temps une perdrix surprise, blottie contre une motte de terre, s'envolait lourdement sous l'averse. Mon coup de fusil, éteint par la nappe d'eau qui tombait du ciel, claquait à peine comme un coup de fouet, et la bête grise s'abattait avec du sang sur ses plumes.

Je me
sentais tris-
te à pleu-
rer, à pleu-
rer comme
les nuages
qui pleu-
raient sur le monde
et sur moi, trempé
de tristesse jusqu'au
cœur, accablé de
lassitude à ne plus
lever mes jambes,
engluées d'argile ;
et j'allais rentrer
quand j'aperçus au
milieu des champs

le cabriolet du médecin qui suivait un chemin
de traverse.

Elle passait, la voiture noire et basse, couverte
de sa capote ronde et traînée par son cheval
brun, comme un présage de mort errant dans la

campagne par ce jour sinistre. Tout à coup elle
s'arrêta ; la tête du médecin apparut et il
cria :

— Eh !

J'allai vers lui. Il me dit :

— Voulez-vous m'aider à soigner une diphté-
rique ? Je suis seul et il faudrait la tenir pendant
que j'enlèverai les fausses membranes de sa
gorge.

— Je viens avec vous, répondis-je. Et je montai
dans sa voiture.

Il me raconta ceci :

L'angine, l'affreuse angine qui étrangle les misérables hommes avait pénétré dans la ferme des
Martinet, de pauvres gens !

Le père et le fils étaient morts au commence-
ment de la semaine. La mère et la fille s'en
allaient aussi maintenant.

Une voisine qui les soignait se sentant soudain
indisposée, avait pris la fuite la veille même, laissant ouverte la porte et les deux malades aban-
données sur leurs grabats de paille, sans rien à

boire, seules, râlant, suffoquant, agonisant, seules
depuis vingt-quatre heures!

Le médecin venait de nettoyer la gorge de la
mère et l'avait fait boire; mais l'enfant, affolée
par la douleur et par l'angoisse des suffocations,
avait enfoncé et caché sa tête dans la paillasse
sans consentir à se laisser toucher.

Le médecin, accoutumé à ces misères, répétait
d'une voix triste et résignée :

— Je ne peux pourtant point passer mes journées chez mes malades. Cristi ! celles-là serrent
le cœur. Quand on pense qu'elles sont restées
vingt-quatre heures sans boire. Le vent chassait
la pluie jusqu'à leurs couches. Toutes les poules
s'étaient mises à l'abri dans la cheminée.

Nous arrivions à la ferme. Il attacha son cheval à la branche d'un pommier devant la porte;
et nous entrâmes.

Une odeur forte de maladie et d'humidité, de
fièvre et de moisissure, d'hôpital et de cave nous
saisit à la gorge. Il faisait froid, un froid de marécage, dans cette maison sans feu, sans vie, grise

et sinistre. L'horloge était arrêtée; la pluie tombait par la grande cheminée dont les poules avaient éparpillé la cendre, et on entendait dans un coin sombre un bruit de soufflet rauque et rapide. C'était l'enfant qui respirait.

La mère, étendue dans une sorte de grande caisse de bois, le lit des paysans, et cachée par de vieilles couvertures et de vieilles hardes, semblait tranquille.

Elle tourna un peu la tête vers nous.

Le médecin lui demanda :

— Avez-vous une chandelle?

Elle répondit d'une voix basse, accablée :

— Dans le buffet.

Il prit la lumière et m'emmena au fond de l'appartement, vers la couchette de la petite fille.

Elle haletait, les joues décharnées, les yeux luisants, les cheveux mêlés, effrayante. Dans son cou maigre et tendu, des creux profonds se formaient à chaque aspiration. Allongée sur le dos, elle serrait de ses deux mains les loques qui la couvraient; et, dès qu'elle nous vit, elle se tourna sur la face pour se cacher dans la paillasse.

Je la pris par les épaules, et le docteur, la forçant à montrer sa gorge, en arracha une grande peau blanchâtre, qui me parut sèche comme un cuir.

Elle respira mieux tout de suite et but un peu. La mère, soulevée sur un coude, nous regardait. Elle balbutia :

— C'est-il fait ?

— Oui, c'est fait.

— J'allons-t-y rester toutes seules ?

Une peur, une peur affreuse, faisait frémir sa voix, peur de cet isolement, de cet abandon, des ténèbres et de la mort qu'elle sentait si proche.

Je répondis :

— Non, ma brave femme; j'attendrai que le docteur vous ait envoyé la garde.

Et me tournant vers le médecin :

— Envoyez-lui la mère Mauduit. Je la payerai.

— Parfait. Je vous l'envoie tout de suite.

Il me serra la main, sortit; et j'entendis son cabriolet qui s'en allait sur la route humide.

Je restai seul avec les deux mourantes.

Mon chien Paf s'était couché devant la cheminée noire, et il me fit songer qu'un peu de feu serait utile à nous tous. Je ressortis donc pour chercher du bois et de la paille, et bientôt une grande flambée éclaira jusqu'au fond de la pièce le lit de la petite, qui recommençait à haleter.

Et je m'assis, tendant mes jambes vers le foyer.

La pluie battait les vitres; le vent secouait le toit; j'entendais l'haleine courte, dure, sifflante des deux femmes, et le souffle de mon chien qui soupirait de plaisir, roulé devant l'âtre clair.

La vie! la vie! qu'est-ce que cela? Ces deux misérables qui avaient toujours dormi sur la paille, mangé du pain noir, travaillé comme des bêtes, souffert toutes les misères de la terre, allaient mourir! Qu'avaient-elles fait? Le père

était mort, le fils était mort. Ces gueux passaient pourtant pour de bonnes gens qu'on aimait et qu'on estimait, de simples et honnêtes gens !

Je regardais fumer mes bottes et dormir mon chien, et en moi entra soudain une joie sensuelle et honteuse en comparant mon sort à celui de ces forçats.

La petite fille se mit à râler, et tout à coup ce souffle rauque me devint intolérable ; il me déchirait comme une pointe dont chaque coup m'entrait au cœur.

J'allai vers elle :

— Veux-tu boire ? lui dis-je.

Elle remua la tête pour dire oui, et je lui versai dans la bouche un peu d'eau qui ne passa point.

La mère, restée plus calme, s'était retournée pour regarder son enfant ; et voilà que soudain une peur me frôla, une peur sinistre qui me glissa sur la peau comme le contact d'une montre invisible. Où étais-je ? Je ne le savais plus ! Est-ce que je rêvais ? quel cauchemar m'avait saisi ?

Etait-ce vrai que des choses pareilles arrivaient ? qu'on mourait ainsi ? Et je regardais dans les coins sombres de la chaumière comme si je m'étais attendu à voir, blottie dans un angle obscur, une forme hideuse, innommable, effrayante, celle qui guette la vie des hommes et les tue, les ronge, les écrase, les étrangle ; qui aime le sang rouge, les yeux allumés par la fièvre, les rides et les flétrissures, les cheveux blancs et les décompositions.

Le feu s'éteignait. J'y jetai du bois et je m'y chauffai le dos, tant j'avais froid dans les reins.

Au moins, j'espérais mourir dans une bonne chambre, moi, avec des médecins autour de mon lit, et des remèdes sur les tables !

Et ces femmes étaient restées seules vingt-quatre heures dans cette cabane sans feu ! râlant sur la paille !...

J'entendis soudain le trot d'un cheval et le roulement d'une voiture ; et la garde entra, tranquille, contente d'avoir trouvé de la besogne, sans étonnement devant cette misère.

Je lui laissai quelque argent et je me sauvai avec mon chien; je me sauvai comme un malfaiteur, courant sous la pluie, croyant entendre toujours le sifflement des deux gorges, courant vers ma maison chaude où m'attendaient mes domestiques en préparant un bon dîner.

Mais je n'oublierai jamais cela et tant d'autres choses encore qui me font haïr la terre.

Comme je voudrais, parfois, ne plus penser, ne plus sentir, je voudrais vivre comme une brute, dans un pays clair et chaud, dans un pays jaune, sans verdure brutale et crue, dans un de ces pays d'Orient où l'on s'endort sans tristesse, où l'on s'éveille sans chagrins, où l'on s'agite sans soucis, où l'on sait aimer sans angoisses, où l'on se sent à peine exister.

J'y habiterais une demeure vaste et carrée, comme une immense caisse éclatante au soleil.

De la terrasse on voit la mer, où passent ces voiles blanches en forme d'ailes pointues des bateaux grecs ou musulmans. Les murs du dehors sont presque sans ouvertures. Un grand

 jardin, où
l'air est
lourd sous
le parasol
des pal-
miers, for-
me le mi-
lieu de ce
logis orien-
tal. Un jet
d'eau monte sous
les arbres et s'é-
miette en retombant
dans un large bassin de
marbre dont le fond est
sablé de poudre d'or. Je
m'y baignerais à tout moment, entre deux pipes,
deux rêves ou deux baisers.

J'aurais des esclaves noirs et beaux, drapés en
des étoffes légères et courant vite, nu-pieds sur
les tapis sourds.

Mes murs seraient moelleux et rebondissants

comme des poitrines de femmes et, sur mes divans
en cercle autour de chaque appartement, toutes
les formes des coussins me permettraient de
me coucher dans toutes les postures qu'on peut
prendre.

Puis, quand je serais las du repos délicieux,
las de jouir de l'immobilité et de mon rêve éternel, las du calme plaisir d'être bien, je ferais
amener devant ma porte un cheval blanc ou noir
aussi souple qu'une gazelle.

Et je partirais sur son dos, en buvant l'air
qui fouette et grise, l'air sifflant des galops furieux.

Et j'irais comme une flèche sur cette terre colo-
rée qui enivre le regard, dont la vue est savou-
reuse comme un vin.

A l'heure calme du soir, j'irais, d'une course
affolée, vers le large horizon que le soleil couchant
teinte en rose. Tout devient rose, là-bas, au crépuscule : les montagnes brûlées, le sable, les
vêtements des Arabes, les dromadaires, les chevaux et les tentes.

Les flamants roses s'envolent des marais sur le ciel rose ; et je pousserais des cris de délire, noyé dans la roseur illimitée du monde.

Je ne verrais plus, le long des trottoirs assourdi par le bruit dur des fiacres sur les pavés, des hommes vêtus de noir, assis sur des chaises incommodes, boire l'absinthe en parlant d'affaires.

J'ignorerais le cours de la Bourse, les événements politiques, les changements de ministère, toutes les inutiles bêtises où nous gaspillons notre courte et trompeuse existence. Pourquoi ces peines, ces souffrances, ces luttes ? Je me reposerais à l'abri du vent dans ma somptueuse et claire demeure.

J'aurais quatre ou cinq épouses en des appartements discrets et sourds, cinq épouses venues des cinq parties du monde et qui m'apporteraient la saveur de la beauté féminine épanouie dans toutes les races.

Le rêve ailé flottait devant mes yeux fermés, dans mon esprit qui s'apaisait, quand j'entendis

que mes hommes s'éveillaient, qu'ils allumaient leur fanal et se mettaient à travailler à une besogne longue et silencieuse.

Je leur criai :

— Que faites-vous donc ?

Raymond répondit d'une voix hésitante :

— Nous préparons des palangres parce que nous avons pensé que Monsieur serait bien aise de pêcher s'il faisait beau au jour levant.

Agay est en effet, pendant l'été, le rendez-vous de tous les pêcheurs de la côte. On vient là en famille, on couche à l'auberge ou dans les barques, et on mange la bouillabaisse au bord de la mer, à l'ombre des pins dont la résine chaude crépite au soleil.

Je demandai :

— Quelle heure est-il ?

— Trois heures, Monsieur.

Alors, sans me lever, allongeant le bras, j'ouvris la porte qui sépare ma chambre du poste d'équipage.

Les deux hommes étaient accroupis dans cette

sorte de niche basse que le mât traverse pour
venir s'emmancher dans la carlingue, dans cette
niche si pleine d'objets divers et bizarres qu'on
dirait un repaire de maraudeurs où l'on voit suspendus en ordre, le long des cloisons, des instru-
ments de toute sorte, scies, haches, épissoires,
des agrès et des casseroles, puis, sur le sol entre
les deux couchettes, un seau, un fourneau, un
baril dont les cercles de cuivre luisent sous le
rayon direct du fanal suspendu entre les bittes
des ancres, à côté des puits de chaîne; et mes
matelots travaillaient à amorcer les innombrables
hameçons suspendus le long de la corde des
palangres.

— A quelle heure faudra-t-il me lever ? leur
dis-je.

— Mais, tout de suite, monsieur.

Une demi-heure plus tard, nous embarquions
tous les trois dans le youyou et nous abandon-
nions le *Bel-Ami* pour aller tendre notre filet au
pied du Drammont, près de l'île d'Or.

Puis quand notre palangre, longue de deux à

trois cents mètres, fut descendue au fond de la
mer on amorça trois petites lignes de fond, et le
canot ayant mouillé une pierre au bout d'une
corde, nous commençâmes à pêcher.

Il faisait jour déjà, et j'apercevais très bien la
côte de Saint-Raphaël, auprès des bouches de
l'Argens, et les sombres montagnes des Maures,
courant jusqu'au cap Camarat, là-bas, en pleine
mer, au delà du golfe de Saint-Tropez.

De toute la côte du Midi, c'est ce coin que
j'aime le plus. Je l'aime comme si j'y étais
né, comme si j'y avais grandi, parce qu'il est
sauvage et coloré, que le Parisien, l'Anglais,
l'Américain, l'homme du monde et le rastaquouère
ne l'ont pas encore empoisonné.

Soudain le fil que je tenais à la main vibra, je
tressaillis, puis rien, puis une secousse légère
serra la corde enroulée à mon doigt, puis une
autre plus forte remua ma main, et, le cœur
battant, je me mis à tirer la ligne, doucement,
ardemment, plongeant mon regard dans l'eau
transparente et bleue, et bientôt j'aperçus, sous

l'ombre du bateau, un éclair blanc qui décrivait des courbes rapides.

Il me parut énorme ainsi ce poisson, gros comme une sardine quand il fut à bord.

Puis j'en eus d'autres, des bleus, des rouges, des jaunes et des verts, luisants, argentés, tigrés, dorés, mouchetés, tachetés, ces jolis poissons de roche de la Méditerranée si variés, si colorés, qui semblent peints pour plaire aux yeux, puis des rascasses hérissées de dards, et des murènes, ces monstres hideux.

Rien n'est plus amusant que de lever une palangre. Que va-t-il sortir de cette mer ? Quelle surprise, quelle joie ou quelle désillusion à chaque hameçon retiré de l'eau ! Quelle émotion quand on aperçoit de loin une grosse bête qui se débat en montant lentement vers nous !

A dix heures, nous étions revenus à bord du yacht et les deux hommes radieux m'annoncèrent que notre pêche pesait onze kilos.

Mais j'allais payer ma nuit sans sommeil ! La migraine, l'horrible mal, la migraine qui torture

comme aucun supplice ne l'a pu faire, qui broie
la tête, rend fou, égare les idées et disperse la
mémoire ainsi qu'une poussière au vent, la migraine m'avait saisi, et je dus m'étendre dans ma
couchette, un flacon d'éther sous les narines.

Au bout de quelques minutes, je crus entendre
un murmure vague qui devint bientôt une espèce
de bourdonnement, et il me semblait que tout
l'intérieur de mon corps devenait léger, léger
comme de l'air, qu'il se vaporisait.

Puis ce fut une sorte de torpeur de l'âme, de
bien-être somnolent, malgré les douleurs qui
persistaient, mais qui cessaient cependant d'être
pénibles. C'était une de ces souffrances qu'on
consent à supporter, et non plus ces déchirements
affreux contre lesquels tout notre corps torturé
proteste.

Bientôt l'étrange et charmante sensation de
vide que j'avais dans la poitrine s'étendit, gagna
les membres qui devinrent à leur tour légers,
légers comme si la chair et les os se fussent fon-
dus et que la peau seule fût restée, la peau né-

cessaire pour me faire percevoir la douceur de
vivre, d'être couché dans ce bien-être. Je m'aperçus alors que je ne souffrais plus. La douleur
s'en était allée, fondue aussi, évaporée. Et j'entendis des voix, quatre voix, deux dialogues, sans
rien comprendre des paroles. Tantôt ce n'étaient
que des sons indistincts, tantôt un mot me par-
venait. Mais je reconnus que c'étaient là simplement les bourdonnements accentués de mes
oreilles. Je ne dormais pas, je veillais, je com-
prenais, je sentais, je raisonnais avec une net-
teté, une profondeur, une puissance extraordi-
naires, et une joie d'esprit, une ivresse étrange
venue de ce décuplement de mes facultés men-
tales.

Ce n'était pas du rêve comme avec du haschich,
ce n'étaient pas les visions un peu maladives de
l'opium ; c'étaient une acuité prodigieuse de raisonnement, une manière nouvelle de voir, de
juger, d'apprécier les choses et la vie, avec la cer-
titude, la conscience absolue que cette manière
était la vraie.

Et la vieille image de l'Ecriture m'est revenue soudain à la pensée. Il me semblait que j'avais goûté à l'arbre de science, que tous les mystères se dévoilaient, tant je me trouvais sous l'empire d'une logique nouvelle, étrange, irréfutable. Et des arguments, des raisonnements, des preuves me venaient en foule, renversés immédiatement par une preuve, un raisonnement, un argument plus forts. Ma tête était devenue le champ de lutte des idées. J'étais un être supérieur, armé d'une intelligence invincible, et je goûtais une jouissance prodigieuse à la constatation de ma puissance...

Cela dura longtemps, longtemps. Je respirais toujours l'orifice de mon flacon d'éther. Soudain, je m'aperçus qu'il était vide. Et la douleur recommença.

Pendant dix heures, je dus endurer ce supplice contre lequel il n'est point de remèdes, puis je dormis, et le lendemain, alerte comme après une convalescence, ayant écrit ces quelques pages, je partis pour Saint-Raphaël.

Saint-Raphaël, 11 avril.

Nous avons eu, pour venir ici, un temps délicieux, une petite brise d'ouest qui nous a amenés en six bordées. Après avoir doublé le Drammont, j'a-perçus les villas de Saint-Raphaël cachées dans les sapins, dans les petits sapins maigres que fatigue tout le long de l'année l'éternel coup de vent de Fréjus. Puis je passai entre les lions, jolis rochers rouges qui semblent garder la ville et j'entrai dans le port ensablé vers le fond, ce qui force à se tenir à cinquante mètres du quai, puis je descendis à terre.

Un grand rassemblement se tenait devant l'église. On mariait là dedans. Un prêtre autorisait en latin, avec une gravité pontificale, l'acte animal, solennel et comique qui agite si fort les hommes, les fait tant rire, tant souffrir, tant pleurer. Les familles, selon l'usage, avaient invité tous leurs parents et tous leurs amis à ce service funèbre de l'innocence d'une jeune fille, à ce spectacle inconvenant et pieux des conseils ecclésiastiques précédant ceux de la mère et de la bénédiction publique, donnée à ce qu'on voile d'ordinaire avec tant de pudeur et de souci.

Et le pays entier, plein d'idées grivoises, mû par cette curiosité friande et polissonne qui pousse les foules à ce spectacle, était venu là pour voir la tête que feraient les deux mariés. J'entrai dans cette foule et je la regardai.

Dieu, que les hommes sont laids! Pour la cen-

tième fois au moins, je remarquais au milieu de
cette fête que, de toutes les races, la race humaine
est la plus affreuse. Et là dedans une odeur de
peuple flottait, une odeur fade et nauséabonde de
chair malpropre, de chevelures grasses et d'ail,
cette senteur d'ail que les gens du Midi répan-
dent autour d'eux, par la bouche, par le nez et
par la peau, comme les roses jettent leur parfum.

Certes les hommes sont tous les jours aussi
laids et sentent tous les jours aussi mauvais, mais
nos yeux habitués à les regarder, notre nez
accoutumé à les sentir, ne distinguent leur hideur
et leurs émanations que lorsque nous avons été
privés quelque temps de leur vue et de leur
puanteur.

L'homme est affreux ! Il suffirait, pour compo-
ser une galerie de grotesques à faire rire un mort,
de prendre les dix premiers passants venus, de
les aligner et de les photographier avec leurs
tailles inégales, leurs jambes trop longues ou
trop courtes, leurs corps trop gros ou trop mai-

gres, leurs faces rouges ou pâles, barbues ou gla-
bres, leur air souriant ou sérieux.

Jadis, aux premiers temps du monde, l'homme
sauvage, l'homme fort et nu, était certes aussi
beau que le cheval, le cerf ou le lion. L'exercice
de ses muscles, la libre vie, l'usage constant de sa
vigueur et de son agilité entretenaient chez lui
la grâce du mouvement qui est la première con-
dition de la beauté, et l'élégance de la forme
que donne seule l'agitation physique. Plus tard,
les peuples artistes, épris de plastique, surent
conserver à l'homme intelligent cette grâce et
cette élégance, par les artifices de la gymnastique. Les soins du corps, les jeux de force et de
souplesse, l'eau glacée et les étuves firent des
Grecs de vrais modèles de beauté humaine; et
ils nous laissèrent leurs statues, comme enseigne-
ment, pour nous montrer ce qu'étaient les corps
de ces grands artistes.

Mais aujourd'hui, ô Apollon, regardons la
race humaine s'agiter dans les fêtes ! Les enfants, ventrus dès le berceau, déformés par

l'étude précoce, abrutis par le collège qui leur
use le corps à quinze ans en courbaturant leur
esprit avant qu'il soit nubile, arrivent à l'adoles-

cence, avec des membres mal poussés, mal atta-
chés, dont les proportions normales ne sont jamais conservées.

Et contemplons la rue, les gens qui trottent

avec leurs vêtements sales ! Quant au paysan !
Seigneur Dieu ! Allons voir le paysan dans les
champs, l'homme souche, noué, long comme une
perche, toujours tors, courbé, plus affreux que
les types barbares qu'on voit aux musées d'an-
thropologie.

Et rappelons-nous combien les nègres sont
beaux de forme, sinon de face, ces hommes de
bronze, grands et souples, combien les Arabes
sont élégants de tournure et de figure !

D'ailleurs, j'ai, pour une autre raison encore,
l'horreur des foules.

Je ne puis entrer dans un théâtre ni assister à
une fête publique. J'y éprouve aussitôt un ma-
laise bizarre, insoutenable, un énervement affreux
comme si je luttais de toute ma force contre une
influence irrésistible et mystérieuse. Et je lutte en
effet contre l'âme de la foule qui essaye de pénétrer en moi.

Que de fois j'ai constaté que l'intelligence
s'agrandit et s'élève, dès qu'on vit seul, qu'elle
s'amoindrit et s'abaisse dès qu'on se mêle de

nouveau aux autres hommes. Les contacts, les idées répandues, tout ce qu'on dit, tout ce qu'on est forcé d'écouter, d'entendre et de répondre, agissent sur la pensée. Un flux et reflux d'idées va de tête en tête, de maison en maison, de rue en rue, de ville en ville, de peuple à peuple, et un niveau s'établit, une moyenne d'intelligence pour toute agglomération nombreuse d'individus.

Les qualités d'initiative intellectuelle, de libre arbitre, de réflexion sage et même de pénétration de tout homme isolé, disparaissent en général dès que cet homme est mêlé à un grand nombre d'autres hommes.

Voici un passage d'une lettre de lord Chester-field à son fils (1751), qui constate avec une rare humilité cette subite élimination des qualités actives de l'esprit dans toute nombreuse réunion :

« Lord Macclesfield qui a eu la plus grande part dans la préparation du bill et qui est l'un des plus grands mathématiciens et astronomes de l'Angleterre, parle ensuite avec une connaissance

approfondie de la question, et avec toute la clarté
qu'une matière aussi embrouillée pouvait compor-
ter. Mais comme ses mots, ses périodes et son
élocution étaient loin de valoir les miens, la pré-
férence me fut donnée à l'unanimité, bien injus-
tement, je l'avoue.

« Ce sera toujours ainsi. Toute assemblée nombreuse est *foule*, quelles que soient les individua-
lités qui la composent, il ne faut jamais tenir à
une foule le langage de la raison pure. C'est seulement à ses passions, à ses sentiments et à ses
intérêts apparents qu'il faut s'adresser.

« Une collectivité d'individus n'a plus de faculté de compréhension, etc... »

Cette profonde observation de lord Chesterfield,
observation faite souvent d'ailleurs et notée avec
intérêt par les philosophes de l'école scientifique,
constitue un des arguments les plus sérieux contre
les gouvernements représentatifs.

Le même phénomène, phénomène surprenant,
se produit chaque fois qu'un grand nombre d'hom-

mes est réuni. Toutes ces personnes, côte à côte,
distinctes, différentes d'esprit, d'intelligence, de
passions, d'éducation, de croyances, de préjugés,
tout à coup, par le seul fait de leur réunion, for-
ment un être spécial, doué d'une âme propre,
d'une manière de penser nouvelle, commune,
qui est une résultante inanalysable de la moyenne
des opinions individuelles.

C'est une foule, et cette foule est quelqu'un, un
vaste individu collectif, aussi distinct d'une autre
foule qu'un homme est distinct d'un autre homme.

Une diction populaire affirme que « la foule ne
raisonne pas. » Or pourquoi la foule ne raisonne-
t-elle pas, du moment que chaque particulier dans
la foule raisonne ? Pourquoi une foule fera-t-elle
spontanément ce qu'aucune des unités de cette
foule n'aurait fait ? Pourquoi une foule a-t-elle
des impulsions irrésistibles, des volontés féroces,
des entraînements stupides que rien n'arrête, et
emportée par ces entraînements irréfléchis, ac-
complit-elle des actes qu'aucun des individus qui
la composent n'accomplirait ?

Un inconnu jette un cri, et voilà qu'une sorte de frénésie s'empare de tous, et tous, d'un même élan auquel personne n'essaie de résister, emportés par une même pensée qui, instantanément, leur devient commune, malgré les castes, les opinions, les croyances, les mœurs différentes, se précipiteront sur un homme, le massacreront, le noieront sans raison, presque sans prétexte, alors que chacun, s'il eût été seul, se serait précipité, au risque de sa vie, pour sauver celui qu'il tue.

Et le soir, chacun rentré chez soi, se demandera quelle rage ou quelle folie l'a saisi, l'a jeté brusquement hors de sa nature et de son caractère, comment il a pu céder à cette impulsion féroce ?

C'est qu'il avait cessé d'être un homme pour faire partie d'une foule. Sa volonté individuelle s'était mêlée à la volonté commune comme une goutte d'eau se mêle à un fleuve.

Sa personnalité avait disparu, devenant une infime parcelle d'une vaste et étrange personna-

lité, celle de la foule. Les paniques qui saisissent
une armée et ces ouragans d'opinions qui entraî-
nent un peuple entier, et la folie des danses ma-
cabres, ne sont-ils pas encore des exemples sai-
sissants de ce même phénomène.

En somme, il n'est pas plus étonnant de voir
les individus réunis former un tout que de voir
des molécules rapprochées former un corps.

C'est à ce mystère qu'on doit attribuer la morale si spéciale des salles de spectacle et les va-
riations de jugement si bizarres du public des
répétitions générales au public des premières et
du public des premières à celui des représenta-
tions suivantes, et les déplacements d'effets d'un
soir à l'autre, et les erreurs de l'opinion qui
condamne des œuvres comme *Carmen*, destinées plus tard à un immense succès.

Ce que j'ai dit des foules doit s'appliquer d'ailleurs à la société tout entière, et celui qui vou-
drait garder l'intégrité absolue de sa pensée,
l'indépendance fière de son jugement, voir la vie,
l'humanité et l'univers en observateur libre, au-

dessus de tout préjugé, de toute croyance pré-
conçue et de toute religion, c'est-à-dire de toute
crainte, devrait s'écarter absolument de ce qu'on
appelle les relations mondaines, car la bêtise
universelle est si contagieuse qu'il ne pourra
fréquenter ses semblables, les voir et les écouter
sans être, malgré lui, entamé de tous les côtés
par leurs convictions, leurs idées, leurs supersti-
tions, leurs traditions, leurs préjugés qui font
ricocher sur lui, leurs usages, leurs lois et leur
morale surprenante d'hypocrisie et de lâcheté.

Ceux qui tentent de résister à ces influences
amoindrissantes et incessantes se débattent en
vain au milieu de liens menus, irrésistibles, innombrables et presque imperceptibles. Puis on
cesse bientôt de lutter, par fatigue.

Mais un remous eut lieu dans le public, les
mariés allaient sortir. Et soudain, je fis comme
tout le monde, je me dressai sur la pointe des
pieds pour voir, et j'avais envie de voir, une envie
bête, basse, répugnante, une envie de peuple.
La curiosité de mes voisins m'avait gagné comme

une ivresse ; je faisais partie de cette foule.

Pour occuper le reste de ma journée, je me décidai à faire une promenade en canot sur l'Argens. Ce fleuve, presque inconnu et ravissant, sépare la plaine de Fréjus des sauvages montagnes des Maures.

Je pris Raymond, qui me conduisit à l'aviron en longeant une grande plage basse jusqu'à l'embouchure, que nous trouvâmes impraticable et ensablée en partie. Un seul canal communiquait avec la mer, mais si rapide, si plein d'écume, de remous et de tourbillons, que nous ne pûmes le franchir.

Nous dûmes alors tirer le canot à terre et le porter à bras par-dessus les dunes jusqu'à cet espèce de lac admirable que forme l'Argens en cet endroit.

Au milieu d'une campagne marécageuse et verte, de ce vert puissant des arbres poussés dans l'eau, le fleuve s'enfonce entre deux rives tellement couvertes de verdure, de feuillages impénétrables et hauts, qu'on aperçoit à peine les

montagnes voisines ; il s'enfonce tournant toujours, gardant toujours un air de lac paisible,
sans jamais laisser voir ou deviner qu'il continue
sa route à travers ce calme pays désert et superbe.

Autant que dans ces plaines basses du Nord,
où les sources suintent sous les pieds, coulent et
vivifient la terre comme du sang, le sang clair
et glacé du sol, on retrouve ici la sensation bizarre de vie abondante qui flotte sur les pays
humides.

Des oiseaux aux grands pieds pendants s'élan-
cent des roseaux, allongeant sur le ciel leur bec
pointu ; d'autres, larges et lourds, passent d'une
berge à l'autre d'un vol pesant ; d'autres encore,
plus petits et rapides, fuient au ras du fleuve,
lancés comme une pierre qui fait des ricochets.
Les tourterelles, innombrables, roucoulent dans
les cimes ou tournoient, vont d'un arbre à l'autre,
semblent échanger des visites d'amour. On sent
que partout autour de cette eau profonde, dans
toute cette plaine jusqu'au pied des montagnes, il

y a encore de l'eau, l'eau trompeuse, endormie
et vivante des marais, les grandes nappes claires
où se mire le ciel, où glissent les nuages et d'où
sortent des foules éparses de joncs bizarres, l'eau
limpide et féconde où pourrit la vie, où fermente
la mort, l'eau qui nourrit les fièvres et les mias-
mes, qui est en même temps une sève et un poi-
son, qui s'étale, attirante et jolie, sur les putré-
factions mystérieuses. L'air qu'on respire est
délicieux, amollissant et redoutable. Sur tous ces
talus qui séparent ces vastes mares tranquilles,
dans toutes ces herbes épaisses grouille, se traîne,
sautille et rampe, le peuple visqueux et répu-
gnant des animaux dont le sang est glacé. J'aime
ces bêtes froides et fuyantes qu'on évite et qu'on
redoute; elles ont pour moi quelque chose de
sacré.

A l'heure où le soleil se couche, le marais
m'enivre et m'affole. Après avoir été tout le jour
le grand étang silencieux, assoupi sous la chaleur, il devient, au moment du crépuscule, un
pays féérique et surnaturel. Dans son miroir

calme et démesuré tombent les nuées, les nuées
d'or, les nuées de sang, les nuées de feu ; elles y
tombent, s'y mouillent, s'y noient, s'y traînent.

Elles sont là-haut, dans l'air immense, et elles
sont en bas, sous nous, si près et insaisissables
dans cette mince flaque d'eau que percent, comme
des poils, les herbes pointues.

Toute la couleur donnée au monde, charmante,
diverse et grisante, nous apparaît délicieusement
finie, admirablement éclatante, infiniment nuan-

cée, autour d'une feuille de nénuphar. Tous les
rouges, tous les roses, tous les jaunes, tous les
bleus, tous les verts, tous les violets sont là,
dans un peu d'eau qui nous montre tout le ciel,
tout l'espace, tout le rêve, et où passent les vols
d'oiseaux. Et puis il y a autre chose encore, je ne
sais quoi, dans les marais, au soleil couchant.
J'y sens comme la révélation confuse d'un mystère inconnaissable, le souffle originel de la vie
primitive qui était peut-être une bulle de gaz
sortie d'un marécage à la tombée du jour.

Saint-Tropez, 12 avril.

Nous sommes partis ce matin, vers huit heures, de Saint-Raphaël, par une forte brise de nord-ouest.

La mer sans vagues dans le golfe était blanche d'écume, blanche comme une nappe de savon, car le vent, ce terrible vent de Fréjus, qui souffle presque chaque matin, semblait se jeter dessus

pour lui arracher la peau, qu'il soulevait et rou-
lait en petites lames de mousse éparpillée ensuite, puis reformées tout aussitôt.

Les gens du port nous ayant affirmé que cette
rafale tomberait vers onze heures, nous nous dé-
cidâmes à nous mettre en route avec trois ris et
le petit foc.

Le youyou fut embarqué sur le pont, au pied
du mât, et le *Bel-Ami* sembla s'envoler dès sa
sortie de la jetée. Bien qu'il ne portât presque
point de toile, je ne l'avais jamais senti courir
ainsi. On eût dit qu'il ne touchait point l'eau, et
on ne se fût guère douté qu'il portait au bas de
sa large quille, profonde de deux mètres, une
barre de plomb de dix-huit cents kilogrammes,
sans compter deux mille kilogrammes de lest
dans sa cale et tout ce que nous avons à bord en
gréement, ancres, chaînes, amarres et mobilier.

J'eus bien vite traversé le golfe au fond duquel
se jette l'Argens, et, dès que je fus à l'abri des
côtes, la brise cessa presque complètement. C'est
là que commence cette région sauvage, sombre

et superbe, qu'on appelle encore le pays des Maures. C'est une longue presqu'île de montagnes dont les rivages seuls ont un développement de plus de cent kilomètres.

Saint-Tropez, à l'entrée de l'admirable golfe nommé jadis golfe de Grimaud, est la capitale de ce petit royaume sarrasin dont presque tous les villages, bâtis au sommet de pics qui les mettaient à l'abri des attaques, sont encore pleins de maisons mauresques avec leurs arcades, leurs étroites fenêtres et leurs cours intérieures où ont poussé de hauts palmiers qui dépassent à présent les toits.

Si on pénètre à pied dans les vallons inconnus de cet étrange massif de montagnes, on découvre une contrée invraisemblablement sauvage, sans routes, sans chemins, même sans sentiers, sans hameaux, sans maisons.

De temps en temps, après sept ou huit heures de marche, on aperçoit une masure, souvent abandonnée, et parfois habitée par une misérable famille de charbonniers.

Les monts des Maures ont, paraît-il, tout un système géologique particulier, une flore incomparable, la plus variée de l'Europe, dit-on, et d'immenses forêts de pins, de chênes-lièges et de châtaigniers.

J'ai fait, voici trois ans maintenant, au cœur de ce pays, une excursion aux ruines de la Chartreuse de la Verne, dont j'ai gardé un inoubliable souvenir. S'il fait beau demain, j'y retournerai.

Une route nouvelle suit la mer, allant de Saint-Raphaël à Saint-Tropez. Tout le long de cette avenue magnifique, ouverte à travers les forêts sur un incomparable rivage, on essaie de créer des stations hivernales. La première en projet est Saint-Aigulf.

Celle-ci offre un caractère particulier. Au milieu du bois de sapins qui descend jusqu'à la mer s'ouvrent, dans tous les sens, de larges chemins. Pas une maison, rien que le tracé des rues traversant des arbres. Voici les places, les carrefours, les boulevards. Leurs noms sont même inscrits sur des plaques de métal : boulevard

Ruysdaël, boulevard Rubens, boulevard Van
Dick, boulevard Claude-Lorrain. On se demande
pourquoi tous ces peintres ? Ah ! pourquoi ? C'est
que la *Société* s'est dit, comme Dieu lui-même
avant d'allumer le soleil : « Ceci sera une station
d'artistes ! »

La *Société !* On ne sait pas dans le reste du
monde tout ce que ce mot signifie d'espérances,
de dangers, d'argent gagné et perdu sur les bords
de la Méditerranée ! La *Société !* terme mystérieux, fatal, profond, trompeur.

En ce lieu, pourtant, la *Société* semble réali-
ser ses espérances, car elle a déjà des acheteurs,
et des meilleurs, parmi les artistes. On lit de
place en place : « Lot acheté par M. Carolus
Duran ; lot de M. Clairin ; lot de Mlle Croisette,
etc. » Cependant... qui sait ?... Les Sociétés de
la Méditerranée ne sont pas en veine.

Rien de plus drôle que cette spéculation furieuse qui aboutit à des faillites formidables.
Quiconque a gagné dix mille francs sur un champ
achète pour dix millions de terrains à vingt sous

le mètre pour les revendre à vingt francs. On trace les boulevards, on amène l'eau, on prépare l'usine à gaz et on attend l'amateur. L'amateur ne vient pas, mais la débâcle arrive.

J'aperçois, loin devant moi, des tours et des bouées qui indiquent les brisants des deux rivages à la bouche du golfe de Saint-Tropez.

La première tour se nomme tour des Sardinaux et signale un vrai banc de roches à fleur d'eau, dont quelques-unes montrent leurs têtes brunes, et la seconde a été baptisée Balise de la Sèche à l'huile.

Nous arrivons maintenant à l'entrée du golfe, qui s'enfonce au loin entre deux berges de montagnes et de forêts jusqu'au village de Grimaud, bâti sur une cime, tout au bout. L'antique château des Grimaldi, haute ruine qui domine le village, apparaît là-bas dans la brume comme une évocation de conte de fées.

Plus de vent. Le golfe a l'air d'un lac immense et calme où nous pénétrons doucement en profitant des derniers souffles de cette bourrasque

matinale. A droite du passage, Sainte-Maxime,
petit port blanc, se mire dans l'eau, où le reflet
des maisons les reproduit, la tête en bas, aussi
nettes que sur la berge. En face, Saint-Tropez
apparaît, protégée par un vieux fort.

A onze heures, le *Bel-Ami* s'amarre au quai,
à côté du petit vapeur qui fait le service de
Saint-Raphaël. Seul, en effet, avec une vieille
diligence qui porte les lettres et part la nuit par
l'unique route qui traverse ces monts, le *Lion-
de-Mer*, ancien yacht de plaisance, met les habitants de ce petit port isolé en communication
avec le reste du monde.

C'est là une de ces charmantes et simples filles
de la mer, une de ces bonnes petites villes modestes, poussées dans l'eau comme un coquillage,
nourries de poissons et d'air marin et qui produi-
sent des matelots. Sur le port se dresse en bronze
la statue du bailli de Suffren.

On y sent la pêche et le goudron qui flambe,
la saumure et la coque des barques. On y voit,
sur les pavés des rues, briller comme des perles,

des écailles de sardines, et le long des murs du
port le peuple boiteux et paralysé des vieux marins qui se chauffe au soleil sur les bancs de
pierre. Ils parlent de temps en temps des naviga-
tions passées et de ceux qu'ils ont connus jadis,
des grands-pères de ces gamins qui courent là-
bas. Leurs visages et leurs mains sont ridés,
tannés, brunis, séchés par les vents, les fatigues,
les embruns, les chaleurs de l'équateur et les
glacés des mers du Nord, car ils ont vu, en rô-
dant par les océans, les dessus et les dessous
du monde, et l'envers de toutes les terres et de
toutes les latitudes. Devant eux passe, calé sur
une canne, l'ancien capitaine au long cours qui
commanda les *Trois-Sœurs*, ou les *Deux-Amis*,
ou la *Marie-Louise*, ou la *Jeune-Clémentine*.

Tous le saluent, à la façon des soldats qui répondent à l'appel, d'une litanie de « Bonjour,
capitaine ! » modulés sur des tons différents.

On est là au pays de la mer, dans une brave
petite cité salée et courageuse, qui se battit
jadis contre les Sarrasins, contre le duc d'Anjou,

contre les corsaires barbaresques, contre le con-
nétable de Bourbon, et Charles-Quint, et le duc
de Savoie et le duc d'Épernon.

En 1637, les habitants, les pères de ces tranquilles bourgeois, sans aucun aide, repoussèrent
une flotte espagnole ; et chaque année se renou-
velle avec une ardeur surprenante, le simulacre
de cette attaque et de cette défense, qui emplit la
ville de bousculades et de clameurs, et rappelle
étrangement les grands divertissements populaires du moyen âge.

En 1813, la ville repoussa également une es-
cadrille anglaise envoyée contre elle.

Aujourd'hui, elle pêche. Elle pêche des thons,
des sardines, des loups, des langoustes, tous les
poissons si jolis de cette mer bleue, et nourrit à
elle seule une partie de la côte.

En mettant le pied sur le quai, après avoir fait
ma toilette, j'entendis sonner midi, et j'aperçus
deux vieux commis, clercs de notaire ou d'avoué,
qui s'en allaient au repas, pareils à deux vieilles
bêtes de travail un instant débridées pour qu'elles

mangent l'avoine au fond d'un sac de toile.

O liberté ! liberté ! seul bonheur, seul espoir et seul rêve ! De tous les misérables, de toutes les classes d'individus, de tous les ordres de travailleurs, de tous les hommes qui livrent quotidiennement le dur combat pour vivre, ceux-là sont le plus à plaindre, sont les plus déshérités de faveurs.

On ne le croit pas. On ne le sait point. Ils sont impuissants à se plaindre ; ils ne peuvent pas se révolter ; ils restent liés, bâillonnés dans leur misère, leur misère honteuse de plumitifs !

Ils ont fait des études, ils savent le droit ; ils sont peut-être bacheliers.

Comme je l'aime, cette dédicace de Jules Vallès :

« A tous ceux qui, nourris de grec et de latin, sont morts de faim. »

Sait-on ce qu'ils gagnent, ces crève-misère ? De huit cents à quinze cents francs par an !

Employés des noires études, employés des grands ministères, vous devez lire chaque matin

sur la porte de la sinistre prison la célèbre phrase
de Dante :

« Laissez toute espérance, vous qui entrez ! »

On pénètre là, pour la première fois, à vingt
ans, pour y rester jusqu'à soixante et plus, et pendant cette longue période rien ne se passe. L'existence tout entière s'écoule dans le petit bureau
sombre, toujours le même, tapissé de cartons
verts. On y entre jeune, à l'heure des espoirs
vigoureux. On en sort vieux, près de mourir.
Toute cette moisson de souvenirs que nous fai-
sons dans une vie, les événements imprévus, les
amours douces ou tragiques, les voyages aventu-
reux, tous les hasards d'une existence libre, sont
inconnus à ces forçats.

Tous les jours, les semaines, les mois, les sai-
sons, les années se ressemblent. A la même
heure, on arrive ; à la même heure, on déjeune ;
à la même heure on s'en va ; et cela de vingt à
soixante ans. Quatre accidents seulement font
date : le mariage, la naissance du premier enfant,
la mort de son père et de sa mère. Rien autre

chose; pardon, les avancements. On ne sait rien
de la vie ordinaire, rien du monde! On ignore
jusqu'aux joyeuses journées de soleil dans les
rues, et les vagabondages dans les champs, car
jamais on n'est lâché avant l'heure réglemen-
taire. On se constitue prisonnier à huit heures du
matin ; la prison s'ouvre à six heures, alors que
la nuit vient. Mais, en compensation, pendant
quinze jours par an, on a bien le droit, — droit
discuté, marchandé, reproché, d'ailleurs, — de
rester enfermé dans son logis. Car où pourrait-on
aller sans argent?

Le charpentier grimpe dans le ciel ; le cocher
rôde par les rues ; le mécanicien des chemins de
fer traverse les bois, les plaines, les montagnes,
va sans cesse des murs de la ville au large horizon bleu des mers. L'employé ne quitte point
son bureau, cercueil de ce vivant ; et dans la
même petite glace où il s'est regardé jeune, avec
sa moustache blonde, le jour de son arrivée, il
se contemple, chauve, avec sa barbe blanche, le
jour où il est mis dehors. Alors, c'est fini, la vie est

fermée, l'avenir clos. Comment cela se fait-il qu'on
en soit là déjà ? Comment donc a-t-on pu vieillir
ainsi sans qu'aucun événement se soit accompli,
qu'aucune surprise de l'existence vous ait jamais
secoué ? Cela est pourtant. Place aux jeunes, aux
jeunes employés !

Alors, on s'en va, plus misérable encore, et on
meurt presque tout de suite de la brusque rup-
ture de cette longue et acharnée habitude du bureau quotidien, des mêmes mouvements, des
mêmes actions, des mêmes besognes aux mêmes
heures.

Au moment où j'entrais à l'hôtel pour y déjeuner, on me remit un effrayant paquet de lettres
et de journaux qui m'attendaient, et mon cœur
se serra comme sous la menace d'un malheur.
J'ai la peur et la haine des lettres ; ce sont des
liens. Ces petits carrés de papier qui portent mon
nom me semblent faire, quand je les déchire, un
bruit de chaînes, le bruit des chaînes qui m'atta-
chent aux vivants que j'ai connus, que je connais.

Toutes me disent, bien qu'écrites par des mains différentes : « Où êtes-vous ? Que faites-vous ? Pourquoi disparaître ainsi sans annoncer où vous allez ? Avec qui vous cachez-vous ? » Une autre ajoutait : « Comment voulez-vous qu'on s'attache à vous si vous fuyez toujours vos amis ; c'est même blessant pour eux... »

Eh bien, qu'on ne s'attache pas à moi ! Personne ne comprendra donc l'affection sans y joindre une idée de possession et de despotisme. Il semble que les relations ne puissent exister sans entraîner avec elles des obligations, des susceptibilités et un certain degré de servitude. Dès qu'on a souri aux politesses d'un inconnu, cet inconnu a barres sur vous, s'inquiète de ce que vous faites et vous reproche de le négliger. Si nous allons jusqu'à l'amitié, chacun s'imagine avoir des droits ; les rapports deviennent des devoirs, et les liens qui nous unissent semblent terminés avec des nœuds coulants.

Cette inquiétude affectueuse, cette jalousie soupçonneuse, contrôleuse, cramponnante des

êtres qui se sont rencontrés et qui se croient enchaînés l'un à l'autre parce qu'ils se sont plu,
n'est faite que de la peur harcelante de la solitude qui hante les hommes sur cette terre.

Chacun de nous, sentant le vide autour de lui,
le vide insondable où s'agite son cœur, où se
débat sa pensée, va comme un fou, les bras ouverts, les lèvres tendues, cherchant un être à
étreindre. Et il étreint à droite, à gauche, au
hasard, sans savoir, sans regarder, sans comprendre, pour n'être plus seul. Il semble dire,
dès qu'il a serré les mains : « Maintenant vous
m'appartenez un peu. Vous me devez quelque
chose de vous, de votre vie, de votre pensée, de
votre temps. » Et voilà pourquoi tant de gens
croient s'aimer qui s'ignorent entièrement, tant
de gens vont les mains dans les mains ou la
bouche sur la bouche, sans avoir pris le temps
même de se regarder. Il faut qu'ils aiment, pour
n'être plus seuls, qu'ils aiment d'amitié, de tendresse, mais qu'ils aiment pour toujours. Et ils le
disent, jurent, s'exaltent, versent tout leur cœur

dans un cœur inconnu, trouvé la veille, toute leur âme dans une âme de rencontre dont le visage leur a plu. Et, de cette hâte à s'unir, naissent tant de méprises, de surprises, d'erreurs et de drames.

Ainsi que nous restons seuls, malgré tous nos efforts, de même nous restons libres malgré toutes les étreintes.

Personne, jamais, n'appartient à personne. On se prête, malgré soi, à ce jeu coquet ou passionné de la possession, mais on ne se donne jamais. L'homme, exaspéré par ce besoin d'être le maître de quelqu'un, a institué la tyrannie, l'esclavage et le mariage. Il peut tuer, torturer, emprisonner, mais la volonté humaine lui échappe toujours, quand même elle a consenti quelques instants à se soumettre.

Est-ce que les mères possèdent leurs enfants? Est-ce que le petit être, à peine sorti du ventre, ne se met pas à crier pour dire ce qu'il veut, pour annoncer son isolement et affirmer son indépendance. ?

Est-ce qu'une femme vous appartient jamais? Savez-vous ce qu'elle pense, même si elle vous adore? Baisez sa chair, pâmez - vous sur ses lèvres. Un mot sorti de votre bouche ou de la sienne, un seul mot suffira pour mettre entre vous une implacable haine!

Tous les sentiments affectueux perdent leur charme, s'ils deviennent autoritaires. De ce qu'il me plaît de voir quelqu'un et de lui parler, s'ensuit-il qu'il me soit permis de savoir ce qu'il fait et ce qu'il aime?

L'agitation des villes grandes et petites de tous les groupes de la société, la curiosité méchante, envieuse, médisante, calomniatrice, le souci incessant des relations, des affections d'autrui des commérages et des scandales, ne viennent-ils pas de cette prétention que nous avons de contrôler la conduite des autres, comme si tous nous appartenaient à des degrés différents. Et nous nous imaginons en effet que nous avons des droits sur eux, sur leur vie, car nous la voulons réglée selon la nôtre, sur leurs pensées, car

nous les réclamons de même ordre que les
nôtres, sur leurs opinions, car nous ne les tolé-
rons pas différentes des nôtres, sur leur réputation, car nous l'exigeons selon nos principes, sur
leurs mœurs, car nous nous indignons quand
elles ne sont pas soumises à notre morale.

Je déjeunai au bout d'une longue table dans
l'hôtel du Bailli de Suffren, et je continuais à lire
mes lettres et mes journaux, quand je fus distrait
par les propos bruyants d'une demi-douzaine
d'hommes assis à l'autre extrémité.

C'étaient des commis voyageurs. Ils parlèrent
de tout avec conviction, avec autorité, avec bla-
gue, avec dédain, et ils me donnèrent nettement
la sensation de ce qu'est l'âme française, c'est-à-
dire la moyenne de l'intelligence, de la raison, de
la logique et de l'esprit en France. Un d'eux, un
grand à tignasse rousse, portait la médaille mili-
taire et une médaille de sauvetage — un brave.

— Un petit gros faisant des calembours sans
répit et en riant lui-même à pleine gorge, avant
d'avoir laissé aux autres le temps de comprendre.

Un homme à cheveux ras réorganisait l'armée et
la magistrature, réformait les lois et la Constitu-
tion, définissait une République idéale, pour

son âme de placeur de vins. Deux voisins s'amu-
saient beaucoup en se racontant leurs bonnes
fortunes, des aventures d'arrière-boutique ou des
conquêtes de servantes.

Et je voyais en eux toute la France, la France
légendaire, spirituelle, mobile, brave et galante.

Ces hommes étaient des types de la race,
types vulgaires qu'il me suffirait de poétiser un

peu pour retrouver le Français tel que nous le montre l'histoire, cette vieille dame exaltée et menteuse.

Et c'est vraiment une race amusante que la nôtre, par des qualités très spéciales qu'on ne retrouve nulle part ailleurs.

C'est d'abord notre mobilité qui diversifie si allègrement nos mœurs et nos institutions. Elle fait ressembler le passé de notre pays à un surprenant roman d'aventures dont la *suite à demain* est toujours pleine d'imprévu, de drame et de comédie, de choses terribles ou grotesques. Qu'on se fâche et qu'on s'indigne, suivant les opinions qu'on a, il est bien certain que nulle histoire au monde n'est plus amusante et plus mouvementée que la nôtre.

Au point de vue de l'art pur — et pourquoi n'admettrait-on pas ce point de vue spécial et désintéressé en politique comme en littérature? — elle demeure sans rivale. Quoi de plus curieux et de plus surprenant que les événements accomplis seulement depuis un siècle ?

Que verrons-nous demain? Cette attente de l'imprévu n'est-elle pas, au fond, charmante? Tout est possible chez nous, même les plus invraisemblables drôleries et les plus tragiques.

De quoi nous étonnerions-nous? Quand un pays a eu des Jeanne d'Arc et des Napoléon, il peut être considéré comme un sol miraculeux.

Et puis nous aimons les femmes: nous les aimons bien, avec fougue et avec légèreté, avec esprit et avec respect.

Notre galanterie ne peut être comparée à rien dans aucun autre pays.

Celui qui garde au cœur la flamme galante des derniers siècles, entoure les femmes d'une tendresse profonde, douce, émue et alerte en même temps. Il aime tout ce qui est d'elles, tout ce qui vient d'elles, tout ce qu'elles sont, et tout ce qu'elles font. Il aime leurs toilettes, leurs bibelots, leurs parures, leurs ruses, leurs naïvetés, leurs perfidies, leurs mensonges et leurs gentillesses. Il les aime toutes, les riches comme les pauvres, les jeunes et même les vieilles, les bru-

nes, les blondes, les grasses, les maigres. Il se
sent à son aise près d'elles, au milieu d'elles. Il
y demeurerait indéfiniment, sans fatigue, sans
ennui, heureux de leur seule présence.

Il sait, dès les premiers mots, par un regard,
par un sourire, leur montrer qu'il les aime, éveiller leur attention, aiguillonner leur plaisir de
plaire, leur faire déployer pour lui toutes leurs
séductions. Entre elles et lui s'établit aussitôt une
sympathie vive, une camaraderie d'instinct,
comme une parenté de caractère et de nature.

Entre elles et lui commence une sorte de combat, de coquetterie et de galanterie, se noue une
amitié mystérieuse et guerroyeuse, se resserre
une obscure affinité de cœur et d'esprit.

Il sait leur dire ce qui leur plaît, leur faire
comprendre ce qu'il pense, leur montrer sans
les choquer jamais, sans jamais froisser leur
frêle et mobile pudeur, un désir discret et vif,
toujours éveillé dans ses yeux, toujours frémis-
sant sur sa bouche, toujours allumé dans ses
veines. Il est leur ami et leur esclave, le servi-

teur de leurs caprices et l'admirateur de leur
personne. Il est prêt à leur appel, à les aider, à
les défendre comme des alliés secrets. Il aime-
rait se dévouer pour elles, pour celles qu'il connaît peu, pour celles qu'il ne connaît pas, pour
celles qu'il n'a jamais vues.

Il ne leur demande rien qu'un peu de gen-
tille affection, un peu de confiance ou un peu
d'intérêt, un peu de bonne grâce ou même de
perfide malice.

Il aime, dans la rue, la femme qui passe et dont
le regard le frôle. Il aime la fillette en cheveux
qui va, un nœud bleu sur la tête, une fleur sur le
sein, l'œil timide ou hardi, d'un pas lent ou
pressé, à travers la foule des trottoirs. Il aime
les inconnues coudoyées, la petite marchande
qui rêve sur sa porte, la belle nonchalante étendue dans sa voiture découverte.

Dès qu'il se trouve en face d'une femme il a le
cœur ému et l'esprit en éveil. Il pense à elle,
parle pour elle, tâche de lui plaire et de lui
faire comprendre qu'elle lui plaît. Il a des ten-

dresses qui lui viennent aux lèvres, des caresses
dans le regard, une envie de lui baiser la main,
de toucher l'étoffe de sa robe. Pour lui, les
femmes parent le monde et rendent séduisante la
vie.

Il aime s'asseoir à leurs pieds pour le seul
plaisir d'être là; il aime rencontrer leur œil,
rien que pour y chercher leur pensée fuyante et
voilée; il aime écouter leur voix uniquement
parce que c'est une voix de femme.

C'est par elles et pour elles que le Français a
appris à causer, et avoir de l'esprit toujours.

Causer, qu'est cela? Mystère! C'est l'art de ne
jamais paraître ennuyeux, de savoir tout dire
avec intérêt, de plaire avec n'importe quoi, de
séduire avec rien du tout.

Comment définir ce vif effleurement des choses par les mots, ce jeu de raquette avec des
paroles souples, cette espèce de sourire léger des
idées que doit être la causerie.

Seul au monde, le Français a de l'esprit, et
seul il le goûte et le comprend.

Il a l'esprit qui passe et l'esprit qui reste, l'esprit des rues et l'esprit des livres.

Ce qui demeure, c'est l'esprit, dans le sens large du mot, ce grand souffle ironique ou gai répandu sur notre peuple depuis qu'il pense et qu'il parle ; c'est la verve terrible de Montaigne et de Rabelais, l'ironie de Voltaire, de Beaumarchais, de Saint-Simon et le prodigieux rire de Molière.

La saillie, le mot est la monnaie très menue de cet esprit-là. Et pourtant, c'est encore un côté, un caractère tout particulier de notre intelligence nationale. C'est un de ses charmes les plus vifs. Il fait la gaîté sceptique de notre vie parisienne, l'insouciance aimable de nos mœurs. Il est une partie de notre aménité.

Autrefois, on faisait en vers ces jeux plaisants; aujourd'hui on les fait en prose. Cela s'appelle, selon les temps, épigrammes, bons mots, traits, pointes, gauloiseries. Ils courent la ville et les salons, naissent partout, sur le boulevard, comme à Montmartre. Et ceux de Montmartre valent souvent ceux du boulevard. On les imprime dans les journaux. D'un bout à l'autre de la France, ils font rire. Car nous savons rire.

Pourquoi un mot plutôt qu'un autre, le rapprochement imprévu, bizarre de deux termes, de deux idées ou même de deux sons, une calembredaine quelconque, un coq-à-l'âne innattendu ouvrent-ils la vanne de notre gaîté, font-ils éclater tout un coup, comme une mine qui sauterait, tout Paris et toute la province ?

Pourquoi tous les Français riront-ils? alors que

tous les Anglais et tous les Allemands ne com-
prendront pas notre amusement? Pourquoi? Uniquement parce que nous sommes Français, que
nous avons l'intelligence française, que nous
possédons la charmante faculté du rire.

Chez nous, d'ailleurs, il suffit d'un peu d'esprit pour gouverner. La bonne humeur tient lieu
de génie, un bon mot sacre un homme et le fait
grand pour la postérité. Tout le reste importe
peu. Le peuple aime ceux qui l'amusent et pardonne à ceux qui le font rire.

Un seul coup d'œil jeté sur le passé de notre
patrie nous fera comprendre que la renommée de
nos grands hommes n'a jamais été faite que par
des mots heureux. Les plus détestables princes
sont devenus populaires par des plaisanteries
agréables, répétées et retenues de siècle en
siècle.

Le trône de France est soutenu par des de-
vises de mirliton.

Des mots, des mots, rien que des mots, ironi-
ques ou héroïques, plaisants ou polissons, les

mots surnagent sur notre histoire et la font paraître comparable à un recueil des calembours.

Clovis, le roi chrétien, s'écria, en entendant lire la Passion :

« Que n'étais-je là avec mes Francs? »

Ce prince, pour régner seul, massacra ses alliés et ses parents, commit tous les crimes imaginables. On le regarde cependant comme un monarque civilisateur et pieux.

« Que n'étais-je là avec mes Francs? »

Nous ne saurions rien du bon roi Dagobert, si la chanson ne nous avait appris quelques particularités, sans doute erronées, de son existence.

Pépin, voulant déposséder du trône le roi Childéric, posa au pape Zacharie l'insidieuse question que voici : « Lequel des deux est le plus digne de régner, celui qui remplit dignement toutes les fonctions de roi, sans en avoir le titre, ou celui qui porte ce titre sans savoir gouverner? »

Que savons-nous de Louis VI? Rien. Pardon.

Au combat de Brenneville, comme un Anglais posait la main sur lui en s'écriant : « Le roi est pris! », ce prince, vraiment Français, répondit : « Ne sais-tu pas qu'on ne prend jamais un roi, même aux échecs? »

Louis IX, bien que saint, ne nous laisse pas un seul mot à retenir. Aussi son règne nous apparaît-il comme horriblement ennuyeux, plein d'oraisons et de pénitences.

Philippe VI, ce niais, battu et blessé à Crécy, alla frapper à la porte du château de l'Arbroie, en criant : « Ouvrez, c'est la fortune de la France! » Nous lui savons encore gré de cette parole de mélodrame.

Jean II, prisonnier du prince de Galles, lui dit, avec une bonne grâce chevaleresque et une galanterie de troubadour français : « Je comptais vous donner à souper aujourd'hui; mais la fortune en dispose autrement et veut que je soupe chez vous. »

On n'est pas plus gracieux dans l'adversité.

« Ce n'est pas au roi de France à venger les

querelles du duc d'Orléans, » déclara Louis XII
avec générosité.

Et c'est là, vraiment, un grand mot de roi,
un mot digne d'être retenu par tous les princes.

François Ier, ce grand nigaud, coureur de filles
et général malheureux, a sauvé sa mémoire en
entourant son nom d'une auréole impérissable, et
écrivant à sa mère ces quelques mots superbes,
après la défaite de Pavie : « Tout est perdu,
madame, fors l'honneur. »

Est-ce que cette parole, aujourd'hui, ne nous
semble pas aussi belle qu'une victoire. N'a-t-
elle pas illustré le prince plus que la conquête
d'un royaume? Nous avons oublié les noms de
la plupart des grandes batailles livrées à cette
époque lointaine ; oubliera-t-on jamais : « Tout
est perdu, fors l'honneur... ? »

Henri IV! Saluez, messieurs c'est le maître!
Sournois, sceptique, malin, faux bonhomme
rusé comme pas un, plus trompeur qu'on ne saurait croire, débauché, ivrogne et sans croyance à
rien, il a su, par quelques mots heureux, se faire

dans l'histoire une admirable réputation de roi chevaleresque, généreux, brave homme, loyal et probe.

Oh ! le fourbe, comme il savait jouer, celui-là, avec la bêtise humaine.

« Pends-toi, brave Crillon, nous avons vaincu sans toi ! »

Après une parole semblable un général est toujours prêt à se faire pendre ou tuer pour son maître.

Au moment de livrer la fameuse bataille d'Ivry : « Enfants, si les cornettes vous manquent, ralliez-vous à mon panache blanc ; vous le trouverez toujours au chemin de l'honneur et de la victoire ! »

Pouvait-il n'être pas toujours victorieux, celui qui savait parler ainsi à ses capitaines et à ses troupes.

Il veut Paris, le roi sceptique ; il le veut mais il faut choisir entre sa foi et la belle ville : « Baste ! murmura-t-il, Paris vaut bien une messe ! » Et il changea de religion comme il aurait changé d'habit. N'est-il pas vrai cependant, que le mot fit accepter la chose ? « Paris vaut bien une messe ! » fit rire des gens d'esprit, et l'on ne se fâcha pas trop.

N'est-il pas devenu le patron des pères de familles en demandant à l'ambassadeur d'Espagne, qui le trouva jouant au cheval avec le dauphin : « Monsieur l'ambassadeur, êtes-vous père ? »

L'Espagnol répondit : « Oui, sire. »

— « En ce cas, dit le roi, je continue. »

Mais il a conquis pour l'éternité le cœur français, le cœur des bourgeois et le cœur du peuple
par le plus beau mot qu'ait jamais prononcé un
prince, un mot de génie, plein de profondeur, de
bonhomie, de malice et de sens.

« Si Dieu m'accorde vie, je veux qu'il n'y ait
si pauvre paysan en mon royaume qui ne puisse
mettre la poule au pot le dimanche. »

C'est avec ces paroles-là qu'on prend, qu'on
gouverne, qu'on domine les foules enthousiastes
et niaises. Par deux paroles, Henri IV a dessiné
sa physionomie pour la postérité. On ne peut
prononcer son nom sans avoir aussitôt une vision
de panache blanc, et une saveur de poule au pot.

Louis XIII ne fit pas de mots. Ce triste roi
eut un triste règne.

Louis XIV donna la formule du pouvoir per-
sonnel absolu. « L'État, c'est moi. »

Il donna la mesure de l'orgueil royal dans
son complet épanouissement : « J'ai failli at-
tendre. »

Il donna l'exemple des ronflantes paroles poli-

tiques qui font les alliances entre deux peuples.
« Il n'y a plus de Pyrénées. »

Tout son règne est dans ces quelques mots.

Louis XV, le roi corrompu, élégant et spirituel, nous a laissé la note charmante de sa souveraine insouciance : « Après moi, le déluge ! »

Si Louis XVI avait eu l'esprit de faire un
mot, il aurait peut-être sauvé la monarchie.
Avec une saillie, n'aurait-il pas évité la guillotine?

Napoléon Iᵉʳ jeta à poignées les mots qu'il fallait aux cœurs de ses soldats.

Napoléon III éteignit avec une courte phrase
toutes les colères futures de la nation en promet-
tant : « L'Empire, c'est la paix ! » L'Empire
c'est la paix ! affirmation superbe, mensonge
admirable ! Après avoir dit cela, il pouvait décla-
rer la guerre à toute l'Europe sans rien craindre
de son peuple. Il avait trouvé une formule simple,
nette, saisissante, capable de frapper les esprits,
et contre laquelle les faits ne pouvaient plus
prévaloir.

Il a fait la guerre à la Chine, au Mexique, à la Russie, à l'Autriche, à tout le monde. Qu'importe? Certaines gens parlent encore avec conviction des dix-huit ans de tranquillité qu'il nous donna. « L'Empire, c'est la paix. »

Mais c'est aussi avec des mots, des mots plus mortels que des balles, que M. Rochefort abattit l'Empire, le crevant de ses traits, le déchiquetant et l'émiettant.

Le maréchal de Mac-Mahon lui-même nous a laissé un souvenir de son passage au pouvoir : « J'y suis, j'y reste! » Et c'est par un mot de Gambetta qu'il fut à son tour culbuté : « Se soumettre ou se démettre. »

Avec ces deux verbes, plus puissants qu'une révolution, plus formidables que des barricades, plus invincibles qu'une armée, plus redoutables que tous les votes, le tribun renversa le soldat, écrasa sa gloire, anéantit sa force et son prestige.

Quant à ceux qui nous gouvernent aujourd'hui, ils tomberont, car ils n'ont pas d'esprit; ils tomberont, car au jour du danger, au jour de l'émeute, au jour de la bascule inévitable, ils ne sauront pas faire rire la France et la désarmer.

De toutes ces paroles historiques il n'en est pas dix qui soient authentiques. Qu'importe pourvu qu'on les croie prononcées par ceux à qui on les prête :

> Dans le pays des bossus,
> Il faut l'être
> Ou le paraître,

dit la chanson populaire.

Cependant les commis voyageurs parlaient maintenant de l'émancipation des femmes, de leurs droits et de la place nouvelle qu'elles voulaient prendre dans la société.

Les uns approuvaient, d'autres se fâchaient; le petit gros plaisantait sans repos, et termina en même temps ce déjeuner et la discussion par cette anecdote assez plaisante :

« Dernièrement, disait-il, un grand meeting avait eu lieu en Angleterre, où cette question avait été traitée. Comme un orateur venait de dévelop-

per de nombreux arguments en faveur des femmes et terminait par cette phrase :

« En résumé, messieurs, elle est bien petite la
différence qui distingue l'homme de la femme.

« Une voix forte, enthousiaste, convaincue,
s'éleva dans la foule et cria :

« — Hurrah pour la petite différence ! »

———————

Saint-Tropez, 13 avril.

Comme il faisait fort beau ce matin, je partis
pour la Chartreuse de la Verne.

Deux souvenirs m'entraînaient vers cette ruine :
celui de la sensation de solitude infinie et de
tristesse inoubliable ressentie dans le cloître
perdu, et puis celui d'un vieux couple de paysans
chez qui m'avait conduit, l'année d'avant, un
ami qui me guidait à travers le pays des Maures.

Assis dans un char à bancs, car la route devien-
dra bientôt impraticable pour une voiture sus-
pendue, je suivis d'abord le golfe jusqu'au fond.
J'apercevais, sur l'autre rive en face, les bois de
pins où la *Société* essaye encore une station. La
plage, d'ailleurs, est admirable et le pays entier
magnifique. La route ensuite s'enfonce dans les

montagnes et bientôt traverse le bourg de Cogo-
lin. Un peu plus loin, je la quitte pour prendre
un chemin défoncé qui ressemble à une longue
ornière. Une rivière, ou plutôt un grand ruisseau
coule à côté, et tous les cent mètres coupe cette
ravine, l'inonde, s'éloigne un peu, revient, se
trompe encore, quitte son lit et noie la route,
puis tombe dans un fossé, s'égare dans un champ
de pierres, paraît soudain devenue sage et suit
son cours quelque temps ; mais, saisi tout à coup
par une brusque fantaisie, il se précipite de nouveau dans le chemin qu'il change en mare, où le
cheval enfonce jusqu'au poitrail et la haute voiture jusqu'au coffre.

Plus de maisons ; de place en place une hutte
de charbonniers. Les plus pauvres demeurent en
des trous. Se figure-t-on que des hommes habitent en des trous, qu'ils vivent là toute l'année,
cassant du bois et le brûlant pour en extraire du
charbon, mangeant du pain et des oignons,
buvant de l'eau et couchant comme les lapins en
leurs terriers, au fond d'une étroite caverne

creusée dans le granit. On vient d'ailleurs de
découvrir, au milieu de ces vallons inexplorés, un
solitaire, un vrai solitaire, caché là depuis trente
ans, ignoré de tous, même des gardes forestiers.

L'existence de ce sauvage, révélée je ne sais
par qui, fut signalée sans doute au conducteur de
la diligence, qui en parla au maître de poste, qui
en causa avec le directeur ou la directrice du
télégraphe, qui s'étonna devant le rédacteur d'un
Petit Midi quelconque, qui en fit une chronique
à sensation reproduite par toutes les feuilles de
Provence.

La gendarmerie se mit en marche et découvrit
le solitaire, sans l'inquiéter d'ailleurs, ce qui
prouve qu'il devait avoir gardé ses papiers. Mais
un photographe, excité par cette nouvelle, se mit
en route à son tour, erra trois jours et trois
nuits à travers les montagnes, et finit par photographier quelqu'un, le vrai solitaire, disent les
uns, un faux, affirment les autres.

Or l'an dernier, l'ami qui me révéla ce bizarre
pays me fit voir deux êtres plus curieux assuré-

ment que le pauvre diable qui vint cacher dans ces bois impénétrables un chagrin, un remords, un désespoir inguérissable, ou peut-être le simple ennui de vivre.

Voici comment il les avait trouvés. Errant à cheval à travers ces vallons, il rencontra une sorte d'exploitation prospère, des vignes, des champs et une ferme humble mais habitable.

Il entra. Une femme le reçut, âgée de soixante-dix ans environ, une paysanne. Son homme, assis sous un arbre, se leva et vint saluer.

— Il est sourd, dit-elle.

C'était un grand vieillard de quatre-vingts ans, étonnamment fort, droit et beau.

Ils avaient à leur service un valet et une servante. Mon ami, un peu surpris de rencontrer dans ce désert ces êtres singuliers, s'informa d'eux. Ils étaient là depuis fort longtemps ; on les respectait beaucoup, et ils passaient pour avoir de l'aisance, une aisance de paysans.

Il revint les voir plusieurs fois et devint peu à peu le confident de la femme. Il lui apportait des

journaux, des livres, s'étonnant de trouver en
elle des idées, ou plutôt des restes d'idées qui ne
semblaient point de sa caste. Elle n'était d'ailleurs
ni lettrée, ni intelligente, ni spirituelle, mais
semblait avoir, au fond de sa mémoire, des traces
de pensées oubliées, le souvenir endormi d'une
éducation ancienne.

Un jour, elle lui demanda son nom.

— Je m'appelle le comte de X..., dit-il.

Elle reprit, mue par une de ces obscures vani-
tés gîtées au fond de toutes les âmes :

— Moi aussi, je suis noble !

Puis elle continua, parlant pour la première
fois assurément de cette chose si vieille, inconnue
de tous.

— Je suis la fille d'un colonel. Mon mari était
sous-officier dans le régiment que commandait
papa. Je suis devenue amoureuse de lui, et nous
nous sommes sauvés ensemble.

— Et vous êtes venus ici ?

— Oui, nous nous cachions.

— Et vous n'avez jamais revu votre famille ?

— Oh ! non : songez que mon mari était déserteur.

— Vous n'avez jamais écrit à personne?

— Oh ! non.

— Et vous n'avez jamais entendu parler de personne de votre famille, ni de votre père, ni de votre mère ?

— Oh ! non ! Maman était morte.

Cette femme avait gardé quelque chose d'enfantin, l'air naïf de celles qui se jettent dans l'amour comme dans un précipice.

Il demanda encore :

— Vous n'avez jamais raconté cela à personne.

— Oh ! non. Je le dis maintenant parce que Maurice est sourd. Tant qu'il entendait, je n'aurais pas osé en parler. Et puis, je n'ai jamais vu que des paysans depuis que je me suis sauvée.

— Avez-vous été heureuse, au moins ?

— Oh ! oui, très heureuse. Il m'a rendue très heureuse. Je n'ai jamais rien regretté.

Et j'avais été voir à mon tour, l'année précé-

dente, cette femme, ce couple, comme on va visiter une relique miraculeuse.

J'avais contemplé, triste, surpris, émerveillé et
dégoûté, cette fille qui avait suivi cet homme, ce
rustre, séduite par son uniforme de hussard ca-
valcadeur, et qui plus tard, sous ses haillons de
paysan, avait continué de le voir avec le dolman
bleu sur le dos, le sabre au flanc, et chaussé de
la botte éperonnée qui sonne.

Cependant elle était devenue elle-même une
paysanne. Au fond de ce désert, elle s'était faite
à cette vie sans charmes, sans luxe, sans délicatesse d'aucune sorte, elle s'était pliée à ces habi-
tudes simples. Et elle l'aimait encore. Elle était
devenue une femme du peuple, en bonnet, en
jupe de toile. Elle mangeait dans un plat de
terre sur une table de bois, assise sur une chaise
de paille, une bouillie de choux et de pommes de
terre au lard. Elle couchait sur une paillasse à
son côté.

Elle n'avait jamais pensé à rien, qu'à lui ! Elle
n'avait regretté ni les parures, ni les étoffes, ni

les élégances, ni la mollesse des sièges, ni la tiédeur parfumée des chambres enveloppées de tentures, ni la douceur des duvets où plongent les corps pour le repos. Elle n'avait eu jamais besoin que de lui ! Pourvu qu'il fut là, elle ne désirait rien.

Elle avait abandonné la vie, toute jeune, et le monde, et ceux qui l'avaient élevée, aimée. Elle était venue, seule avec lui, en ce sauvage ravin. Et il avait été tout pour elle, tout ce qu'on désire tout ce qu'on rêve, tout ce qu'on attend sans cesse, tout ce qu'on espère sans fin. Il avait empli de bonheur son existence d'un bout à l'autre. Elle n'aurait pas pu être plus heureuse.

Maintenant j'allais, pour la seconde fois, la revoir avec l'étonnement et le vague mépris que je sentais en moi pour elle.

Elle habitait de l'autre côté du mont qui porte la Chartreuse de La Verne, près de la route d'Hyères, où une autre voiture m'attendait, car l'ornière que nous avions suivie cessait tout à coup et devenait un simple sentier accessible seulement aux piétons et aux mulets.

Je me mis donc à monter, seul, à pied et à pas lents. J'étais dans une forêt délicieuse, un vrai maquis corse, un bois de contes de fées fait de lianes fleuries, de plantes aromatiques aux odeurs puissantes et de grands arbres magnifiques.

Les granits dans le chemin brillaient et roulaient, et par les jours entre les branches j'apercevais soudain de larges vallées sombres, s'allongeant à perte de vue, pleines de verdure.

J'avais chaud, mon sang vif coulait à travers ma chair, je le sentais courir dans mes veines un peu brûlant, rapide, alerte, rythmé, entraînant comme une chanson, la grande chanson bête et gaie de la vie qui s'agite au soleil. J'étais content j'étais fort, j'accélérais ma marche, escaladant les rocs, sautant, courant, découvrant de minute en minute un pays plus large, un gigantesque filet de vallons déserts où ne montait pas la fumée d'un seul toit.

14

Puis, je gagnai la cime, que d'autres cimes, plus hautes, dominaient, et après quelques détours j'aperçus sur le flanc de la montage en face, derrière une châtaigneraie immense qui allait du sommet au fond d'une vallée, une ruine noire, un amas de pierres sombres et de bâtiments anciens supportés par de hautes arcades. Pour l'atteindre, il fallut contourner un large ravin et traverser la châtaigneraie. Les arbres, vieux comme l'abbaye, survivent à cette morte, énormes, mutilés, agonisants. Les uns sont tombés ne pouvant plus porter leur âge, d'autres décapités n'ont plus qu'un tronc creux où se cacheraient dix hommes. Et ils ont l'air d'une armée formidable de géants antiques et foudroyés qui montent encore à l'assaut du ciel. On sent les siècles et la moisissure, l'antique vie des racines pourries dans ce bois fantastique où rien ne fleurit plus au pied de ces colosses. C'est, entre les troncs gris, un sol dur de pierres et d'herbe rare.

Voici deux sources captées ou des fontaines pour faire boire les vaches.

J'approche de l'abbaye et je découvre tous les
vieux bâtiments dont les plus anciens datent du
XIIᵉ siècle et dont les plus récents sont habités
par une famille de pâtres.

Dans la première cour on voit aux traces des
animaux, qu'un reste de vie hante encore ces
lieux, puis après avoir traversé des salles crou-
lantes pareilles à celles de toutes les ruines, on
arrive dans le cloître, long et bas promenoir
encore couvert, entourant un préau de ronces et
de hautes herbes. Nulle part au monde je n'ai
senti sur mon cœur un poids de mélancolie aussi
lourd qu'en cet antique et sinistre marchoir de
moines. Certes, la forme des arcades et la pro-
portion du lieu contribuent à cette émotion, à ce
serrement de cœur, et attristent l'âme par l'œil,
comme la ligne heureuse d'un monument gai
réjouit la vue. L'homme qui a construit cette
retraite devait être un désespéré pour avoir su
créer cette promenade de désolation. On a envie
de pleurer entre ces murs et de gémir, on a
envie de souffrir d'aviver les plaies de son cœur,

d'agrandir, d'élargir jusqu'à l'infini tous les chagrins comprimés en nous.

Je grimpai par une brèche pour voir le paysage
au dehors et je compris. — Rien autour de nous,
que la mort. — Derrière l'abbaye une montagne
allant au ciel, autour des ruines la châtaigneraie,
et devant, une vallée, et plus loin, d'autres vallées,
— des pins, des pins, un océan de pins et tout à
l'horizon, encore des pins sur des sommets.

Et je m'en allai.

Je traversai ensuite un bois de chênes-liège
où j'avais eu l'autre année une surprise émou-
vante et forte.

C'était par un jour gris, en octobre, au moment où l'on vient arracher l'écorce de ces arbres
pour en faire des bouchons. On les dépouille
ainsi depuis le pied jusqu'aux premières branches,
et le tronc dénudé devient rouge, d'un rouge de
sang comme un membre d'écorché. Ils ont des
formes bizarres, contournées, des allures d'êtres
estropiés, épileptiques qui se tordent, et je me
crus soudain jeté dans une forêt de suppliciés,

dans une forêt sanglante de l'enfer où les hommes
avaient des racines, où les corps déformés par
les supplices ressemblaient à des arbres, où la
vie coulait sans cesse, dans une souffrance sans
fin, par ces plaies saignantes qui mettaient en
moi cette crispation et cette défaillance que pro-
duisent sur les nerveux la vue brusque du sang,
la rencontre imprévue d'un homme écrasé ou
tombé d'un toit. Et cette émotion fut si vive,
et cette sensation fut si forte que je crus entendre
des plaintes, des cris déchirants, lointains, innombrables, et qu'ayant touché, pour raffermir mon
cœur, un de ces arbres, je crus voir, je vis, en
la retournant vers moi, ma main toute rouge.

Aujourd'hui ils sont guéris — jusqu'au prochain
écorchement.

Mais j'aperçois enfin la route qui passe auprès
de la ferme où s'abrita le long bonheur du sous-
officier de hussards et la fille du colonel.

De loin, je reconnais l'homme qui se promène
dans ses vignes. Tant mieux : la femme sera
seule à la maison.

La servante lave devant la porte.

— Votre maîtresse est ici, lui dis-je.

Elle répondit d'un air singulier, avec l'accent du Midi.

— Non m'sieu, voilà six mois qu'elle n'est plus.

— Elle est morte ?

— Oui m'sieu.

— Et de quoi ?

La femme hésita, puis murmura :

— Elle est morte, elle est morte donc.

— Mais de quoi ?

— D'une chute, donc !

— D'une chute, où ça ?

— Mais de la fenêtre.

Je donnai vingt sous.

— Racontez-moi, lui dis-je.

Elle avait sans doute grande envie de parler, sans doute aussi elle avait dû répéter souvent cette histoire depuis six mois, car elle la récita longuement comme une chose sue et invariable.

Et j'appris que depuis trente ans, l'homme, le vieux, le sourd, avait une maîtresse au village voisin, et que sa femme l'ayant appris par hasard d'un charretier qui passait et qui causa de ça, sans la connaître, s'était sauvée au grenier éperdue et hurlante, puis lancée par la fenêtre, non point peut-être par réflexion, mais affolée par l'horrible douleur de cette surprise qui la jetait en avant, d'une irrésistible poussée, comme un fouet qui frappe et déchire. Elle avait gravi l'escalier, franchi la porte, et sans savoir, sans pouvoir arrêter son élan, continuant à courir devant elle avait sauté dans le vide.

Il n'avait rien su, lui, il ne savait pas encore, il

ne saurait jamais puisqu'il était sourd. Sa femme était morte, voilà tout. Il fallait bien que tout le monde mourût !

Je le voyais de loin donnant par signe des ordres aux ouvriers.

Mais j'aperçus la voiture qui m'attendait à l'ombre d'un arbre, et je revins à Saint-Tropez.

———

14 avril.

J'allais me coucher hier soir, bien qu'il fût à peine neuf heures, quand on me remit un télégramme.

Un ami, un de ceux que j'aime, me disait : « Je suis à Monte-Carlo, pour quatre jours, et je t'envoie des dépêches dans tous les ports de la côte. Viens donc me retrouver. »

Et voilà que le désir de le voir, le désir de causer, de rire, de parler du monde, des choses, des gens, de médire, de potiner, de juger, de blâmer, de supposer, de bavarder, s'alluma en moi comme un incendie. Le matin même j'aurais été exaspéré de ce rappel, et, ce soir, j'en étais ravi; j'aurais déjà voulu être là-bas, voir la grande salle du restaurant pleine de monde, entendre cette rumeur de voix où les chiffres de la roulette dominent toutes les phrases comme le *Dominus vobiscum* des offices divins.

J'appelai Bernard.

— Nous partirons vers quatre heures du matin pour Monaco, lui dis-je.

Il répondit avec philosophie :

— S'il fait beau, Monsieur.

— Il fera beau.

— C'est que le baromètre baisse.

— Bah ! Il remontera.

Le matelot souriait de son sourire incrédule.

Je me couchai et je m'endormis.

Ce fut moi qui réveillai les hommes. Il faisait sombre, quelques nuées cachaient le ciel. Le baromètre avait encore baissé.

Les deux matelots remuaient la tête d'un air méfiant.

Je répétais :

— Bah ! il fera beau. Allons, en route !

Bernard disait :

— Quand je peux voir au large, je sais ce que

je fais; mais ici, dans ce port, au fond de ce golfe, on ne sait rien, monsieur, on ne voit rien; il y aurait une mer démontée que nous ne le saurions pas.

Je répondais :

— Le baromètre a baissé, donc nous n'aurons pas de vent d'est. Or, si nous avons le vent d'ouest, nous pourrons nous réfugier à Agay, qui est à six ou sept milles.

Les hommes ne semblaient pas rassurés; cependant ils se préparaient à partir.

— Prenons-nous le canot sur le pont? demanda Bernard.

— Non. Vous verrez qu'il fera beau. Gardons-le à la traîne, derrière nous.

Un quart d'heure plus tard, nous quittions le port, et nous nous engagions dans la sortie du golfe, poussés par une brise intermittente et légère.

Je riais.

— Eh bien ! Vous voyez qu'il fait beau.

Nous eûmes bientôt franchi la tour noire et blanche bâtie sur la basse Rabiou, et bien que protégé par le cap Camarat, qui s'avance au loin dans la pleine mer, et dont le feu à éclats apparaissait de minute en minute, le *Bel-Ami* était déjà soulevé par de longues vagues puissantes et lentes, ces collines d'eau qui marchent, l'une derrière l'autre, sans bruit, sans secousse, sans écume, menaçantes sans colère, effrayantes par leur tranquillité.

On ne voyait rien, on sentait seulement les montées et les descentes du yacht sur cette mer remuante et ténébreuse.

Bernard disait :

— Il y a eu gros vent au large cette nuit, Monsieur. Nous aurons de la chance si nous arrivons sans misère.

Le jour se levait, clair, sur la foule agitée des vagues, et nous regardions tous les trois au large si la bourrasque ne reprenait pas.

Cependant le bateau allait vite, vent arrière et poussé par la mer. Déjà nous nous trouvions par le travers d'Agay, et nous délibérâmes si nous ferions route vers Cannes, en prévision du mauvais temps, ou vers Nice, en passant au large des îles.

Bernard préférait entrer à Cannes; mais comme la brise ne fraîchissait pas, je me décidai pour Nice.

Pendant trois heures tout alla bien, quoique le pauvre petit yacht roulât comme un bouchon dans cette houle profonde.

Quiconque n'a pas vu cette mer du large, cette mer de montagnes qui vont d'une course rapide et pesante, séparées par des vallées qui se déplacent de seconde en seconde, comblées et reformées sans cesse, ne devine pas, ne soupçonne pas la force mystérieuse, redoutable, terrifiante et superbe des flots.

Notre petit canot nous suivait loin derrière nous, au bout d'une amarre de quarante mètres, dans ce chaos liquide et dansant.

Nous le perdions de vue à tout moment, puis soudain il reparaissait au sommet d'une vague, nageant comme un gros oiseau blanc.

Voici Cannes, là-bas, au fond de son golfe,

Saint-Honorat, avec sa tour debout dans les flots, devant nous le cap d'Antibes.

La brise fraîchit peu à peu, et sur la crête des vagues les moutons apparaissent, ces moutons neigeux qui vont si vite et dont le troupeau illimité court, sans pâtre et sans chien, sous le ciel infini.

Bernard me dit :

— C'est tout juste si nous gagnerons Antibes.

En effet, les coups de mer arrivent, brisant sur nous, avec un bruit violent, inexprimable. Les rafales brusques nous bousculent, nous jettent dans les trous béants d'où nous sortons en nous redressant avec des secousses terribles.

Le pic est amené, mais le gui à chaque oscillation du yacht touche les vagues, semble prêt à arracher le mât qui va s'envoler avec sa voile, nous laissant seuls, flottants, perdus sur l'eau furieuse.

Bernard me dit :

— Le canot, monsieur.

Je me retourne. Une vague monstrueuse l'emplit, le roule, l'enveloppe dans sa bave comme si elle le dévorait, et brisant l'amarre qui l'attache à nous, le garde, à moitié coulé, noyé, proie conquise, vaincue, qu'elle va jeter aux rochers, là-bas, sur le cap.

Les minutes semblent des heures. Rien à faire, il faut aller, il faut gagner la pointe devant nous, et, quand nous l'aurons doublée, nous serons à l'abri, sauvés.

Enfin, nous l'atteignons ! La mer à présent est calme, unie, protégée par la longue bande de roches et de terres qui forme le cap d'Antibes.

Le port est là, dont nous sommes partis depuis quelques jours à peine, bien que je croie être en route depuis des mois, et nous y entrons comme midi sonne.

Les matelots, revenus chez eux, sont radieux, quoique Bernard répète à tout moment :

— Ah ! Monsieur, notre pauvre petit canot, ça me fait gros cœur, de l'avoir vu périr comme ça !

Je pris donc le train de quatre heures pour
aller dîner avec mon ami dans la principauté de
Monaco.

Je voudrais avoir le loisir de parler longuement de cet État surprenant, moins grand qu'un
village de France, mais où l'on trouve un souverain absolu, des évêques, une armée de jésuites
et de séminaristes plus nombreuse que celle
du Prince, une artillerie dont les canons sont
presque rayés, une étiquette plus cérémonieuse
que celle de feu Louis XIV, des principes d'autorité plus despotes que ceux de Guillaume de
Prusse, joints à une tolérance magnifique pour
les vices de l'humanité, dont vivent le souverain, les évêques, les jésuites, les séminaristes,
les ministres, l'armée, la magistrature, tout le
monde.

Saluons d'ailleurs ce bon roi pacifique qui,
sans peur des invasions et des révolutions, règne
en paix sur son heureux petit peuple au milieu
des cérémonies d'une cour où sont conservées
intactes les traditions des quatre révérences,

des vingt-six baisemains et de toutes les for-
mules usitées autrefois autour des Grands Domi-
nateurs.

Ce monarque pourtant n'est point sanguinaire
ni vindicatif ; et quand il bannit, car il bannit, la
mesure est appliquée avec des ménagements
infinis.

En faut-il donner des preuves ?

Un joueur obstiné, dans un jour de déveine,
insulta le souverain. Il fut expulsé par décret.

Pendant un mois il rôda autour du Paradis
défendu, craignant le glaive de l'archange, sous
la forme du sabre d'un gendarme. Un jour enfin
il s'enhardit, franchit la frontière, gagne en
trente secondes le cœur du pays, pénètre dans
le Casino. Mais, soudain, un fonctionnaire l'arrête :

— N'êtes-vous pas banni, Monsieur ?

— Oui, Monsieur, mais je repars par le premier train.

— Oh ! en ce cas fort bien, Monsieur, vous
pouvez entrer.

Et chaque semaine il revient ; et chaque fois le
même fonctionnaire lui pose la même question à
laquélle il répond de la même façon.

La justice peut-elle être plus douce ?

Mais une des années dernières, un cas fort
grave et tout nouveau se produisit dans le
royaume.

Un assassinat eut lieu.

Un homme, un monégasque, pas un de ces
étrangers errants qu'on rencontre par légions sur
ces côtes, un mari, dans un moment de colère,
tua sa femme.

Oh ! il la tua sans raison, sans prétexte accep-
table. L'émotion fut unanime dans la principauté.

La Cour suprême se réunit pour juger ce cas
exceptionnel (jamais un assassinat n'avait eu
lieu), et le misérable fut condamné à mort à l'unanimité.

Le souverain indigné ratifia l'arrêt.

Il ne restait plus qu'à exécuter le criminel.
Alors une difficulté surgit. Le pays ne possédait
ni bourreau ni guillotine.

Que faire? Sur l'avis du ministre des affaires étrangères, le prince entama des négociations avec le gouvernement français pour obtenir le prêt d'un coupeur de têtes avec son appareil.

De longues délibérations eurent lieu au ministère à Paris. On répondit enfin en envoyant la note des frais pour déplacement des bois et du praticien. Le tout montait à 16 000 francs.

Sa Majesté Monégasque songea que l'opération lui coûterait bien cher ; l'assassin ne valait certes pas ce prix : 16 000 francs pour le cou d'un drôle ! Ah ! mais non.

On adressa alors la même demande au gouvernement italien. Un roi, un frère ne se montrerait pas sans doute si exigeant qu'une république.

Le gouvernement italien envoya un mémoire qui montait à 12 000 francs.

12 000 francs ! Il faudrait prélever un impôt nouveau, un impôt de 2 francs par tête d'habitant. Cela suffirait pour amener des troubles inconnus dans l'État.

On songea à faire décapiter le gueux par un

simple soldat. Mais le général, consulté, répondit
en hésitant que ses hommes n'avaient peut-être
pas une pratique suffisante de l'arme blanche
pour s'acquitter d'une tâche demandant une
grande expérience dans le maniement du sabre.

Alors le prince convoqua de nouveau la Cour
suprême et lui soumit ce cas embarrassant.

On délibéra longtemps, sans découvrir aucun
moyen pratique. Enfin le premier président pro-
posa de commuer la peine de mort en celle de
prison perpétuelle, et la mesure fut adoptée.

Mais on ne possédait pas de prison. Il fallut
en installer une, et un geôlier fut nommé, qui
prit livraison du prisonnier.

Pendant six mois tout alla bien. Le captif dor-
mait tout le jour sur une paillasse dans son
réduit, et le gardien en faisait autant sur une
chaise devant la porte en regardant passer les
voyageurs.

Mais le prince est économe, c'est là son
moindre défaut, et il se fait rendre compte des
plus petites dépenses accomplies dans son État

(la liste n'en est pas longue). On lui remit donc la note des frais relatifs à la création de cette fonction nouvelle, à l'entretien de la prison, du prisonnier et du veilleur. Le traitement de ce dernier grevait lourdement le budget du souverain.

Il fit d'abord la grimace ; mais quand il songea que cela pouvait durer toujours (le condamné était jeune), il prévint son ministre de la Justice d'avoir à prendre des mesures pour supprimer cette dépense.

Le ministre consulta le président du tribunal, et tous deux convinrent qu'on supprimerait la charge de geôlier. Le prisonnier, invité à se garder tout seul, ne pouvait manquer de s'évader, ce qui résoudrait la question à la satisfaction de tous.

Le geôlier fut donc rendu à sa famille, et un aide de cuisine du palais resta chargé simplement de porter, matin et soir, la nourriture du coupable. Mais celui-ci ne fit aucune tentative pour reconquérir sa liberté.

Or, un jour, comme on avait négligé de lui
fournir ses aliments, on le vit arriver tranquille-
ment pour les réclamer ; et il prit dès lors l'habitude, afin d'éviter une course au cuisinier, de
venir aux heures des repas manger au palais
avec les gens de service dont il devint l'ami.

Après le déjeuner, il allait faire un tour jusqu'à Monte-Carlo. Il entrait parfois au Casino
risquer cinq francs sur le tapis vert. Quand il
avait gagné, il s'offrait un bon dîner dans un
hôtel en renom, puis il revenait dans sa prison,
dont il fermait avec soin la porte en dedans.

Il ne découcha pas une seule fois.

La situation devenait difficile, non pour le condamné, mais pour les juges.

La Cour se réunit de nouveau, et il fut décidé
qu'on inviterait le criminel à sortir des États de
Monaco.

Lorsqu'on lui signifia cet arrêt, il répondit
simplement :

« Je vous trouve plaisants. Eh bien, qu'est-ce
que je deviendrai, moi ? Je n'ai plus de moyen

d'existence. Je n'ai plus de famille. Que voulez-vous que je fasse? J'étais condamné à mort. Vous ne m'avez pas exécuté. Je n'ai rien dit. Je suis ensuite condamné à la prison perpétuelle et remis aux mains d'un geôlier. Vous m'avez enlevé mon gardien. Je n'ai rien dit encore.

« Aujourd'hui, vous voulez me chasser du pays, Ah! mais non. Je suis prisonnier, votre prisonnier, jugé et condamné par vous. J'accomplis ma peine fidèlement. Je reste ici. »

La Cour suprême fut atterrée. Le prince eut une colère terrible et ordonna de prendre des mesures.

On se remit à délibérer.

Alors, il fut décidé qu'on offrirait au coupable une pension de 600 francs pour aller vivre à l'étranger.

Il accepta.

Il a loué un petit enclos à cinq minutes de l'État de son ancien souverain, et il vit heureux sur sa terre, cultivant quelques légumes et méprisant les potentats.

Mais la cour de Monaco, instruite un peu tard
par cet exemple, s'est décidée à traiter avec le
gouvernement français ; maintenant elle nous
livre ses condamnés que nous mettons à l'ombre,
moyennant une pension modique.

On peut voir, aux archives judiciaires de la
principauté, l'arrêt qui règle la pension du
drôle en l'obligeant à sortir du territoire monégasque.

En face du palais du prince se dresse l'établis-
sement rival, la Roulette. Aucune haine d'ailleurs, aucune hostilité de l'un à l'autre, car celui-
ci soutient celui-là qui le protège. Exemple admirable, exemple unique de deux familles voisines
et puissantes vivant en paix dans un petit État,
exemple bien fait pour effacer le souvenir des
Capulets et des Montaigus. Ici la maison souveraine et là la maison de jeux, l'ancienne et la
nouvelle société fraternisant au bruit de l'or.

Autant les salons du prince sont d'un accès
difficile, autant ceux du Casino sont ouverts aux
étrangers.

Je me rends à ces derniers.

Un bruit d'argent, continu comme celui des flots, un bruit profond, léger, redoutable, emplit l'oreille dès l'entrée, puis emplit l'âme, remue le cœur, trouble l'esprit, affole la pensée. Partout on l'entend, ce bruit qui chante, qui crie, qui appelle, qui tente, qui déchire.

Autour des tables, un peuple affreux de joueurs, l'écume des continents et des sociétés, mêlée avec des princes, ou rois futurs, des femmes du monde, des bourgeois, des usuriers, des filles fourbues, un mélange, unique sur la terre, d'hommes de toutes les races, de toutes les castes, de toutes les sortes, de toutes les provenances, un musée

de rastaquouères russes, brésiliens, chiliens, italiens, espagnols, allemands, de vieilles femmes à cabas, de jeunes drôlesses portant au poignet un petit sac où sont enfermés des clefs, un mouchoir et trois dernières pièces de cent sous destinées au tapis vert quand on croira sentir la veine.

Je m'approche de la dernière table et je vois...
pâlie, le front plissé, la lèvre dure, la figure
entière crispée et méchante... la jeune femme de
la baie d'Agay, la belle amoureuse du bois enso-
leillé et du doux clair de lune. Assis devant elle,
il est là, lui, nerveux, la main posée sur quelques
louis.

— Joue sur le premier carré, dit-elle.

Il demande avec angoisse :

— Tout ?

— Oui, tout.

Il pose les louis en petit tas.

Le croupier fait tourner la roue. La bille court,
danse, s'arrête.

— Rien ne va plus, jette la voix, qui reprend
au bout d'un instant :

— Vingt-huit.

La jeune femme tressaille, et, d'un ton dur et
bref :

— Viens-t'en.

Il se lève, et, sans la regarder, la suit, et on

sent qu'entre eux quelque chose d'affreux a surgi.

Quelqu'un dit :

— Bonsoir l'amour. Ils n'ont pas l'air d'accord aujourd'hui.

Une main me frappe sur l'épaule. Je me retourne. C'est mon ami.

. . . .

Il me reste à demander pardon pour avoir ainsi parlé de moi. J'avais écrit pour moi seul ce journal de rêvasseries, où plutôt j'avais profité de ma solitude flottante pour arrêter les idées errantes qui traversent notre esprit comme des oiseaux.

On me demande de publier ces pages sans suite, sans composition, sans art, qui vont l'une derrière l'autre sans raison et finissent brusquement, sans motif, parce qu'un coup de vent a terminé mon voyage.

Je cède à ce désir. J'ai peut-être tort.

TABLE GÉNÉRALE

DES

NOUVELLES DE GUY DE MAUPASSANT

Œuvres Complètes Illustrées de Guy de Maupassant

TABLE GÉNÉRALE

DES

NOUVELLES DE GUY DE MAUPASSANT

AVEC L'INDICATION DU VOLUME

DANS LEQUEL SE TROUVE CHACUNE D'ELLES

GUY DE MAUPASSANT

SOCIÉTÉ D'ÉDITIONS LITTÉRAIRES ET ARTISTIQUES

Librairie Paul Ollendorff

PARIS — 50, CHAUSSÉE D'ANTIN — PARIS

ŒUVRES COMPLÈTES

ILLUSTRÉES

DE

GUY DE MAUPASSANT

Chaque volume, grand in-16 jésus. — Prix : 3 fr. 50

ŒUVRES

DE GUY DE MAUPASSANT

ROMANS

BEL-AMI (Illustr. de F. BAC).

UNE VIE (Illustrations de A. LEROUX).

MONT-ORIOL (Illustrations de F. BAC).

FORT COMME LA MORT (Ill. de André BROUILLET).

NOTRE CŒUR (Illustrations de René LELONG).

PIERRE ET JEAN (Illustr. de GEO-DUPUIS).

LES DIMANCHES D'UN BOURGEOIS DE PARIS (Illustrations de GEO-DUPUIS).

NOUVELLES

LA MAISON TELLIER (Illustrations de René LELONG).

BOULE DE SUIF (Illustrations de JEANNIOT).

CONTES DE LA BÉCASSE (Illustrations de Lucien BARBUT).

MISS HARRIET (Illustrat. de CH. MOREL).

CLAIR DE LUNE (Illustr. de Lucien MÉTIVET).

LE HORLA (Illustr. de JULIAN-DAMAZY).

LA MAIN GAUCHE (Illustrations de LOBEL-RICHE).

MONSIEUR PARENT (Illustr. de JULIAN-DAMAZY).

MADEMOISELLE FIFI (Illustr. de L. VALLET).

YVETTE (Ill. de CORTAZZO).

LES SŒURS RONDOLI (Ill. de René LELONG).

LA PETITE ROQUE

L'INUTILE BEAUTÉ (Ill. de Maurice DE LAMBERT).

TOINE (Ill. de V. ROTTEMBOURG).

CONTES DU JOUR ET DE LA NUIT (Ill. de V. BOCCHINO).

LE ROSIER DE Mme HUSSON (Ill. de V. ROTTEMBOURG).

LE PÈRE MILON (Ill. de Ch. HUARD).

VOYAGES

SUR L'EAU (Ill. de LANOS). | AU SOLEIL (Ill. de A. SURÉDA).

LA VIE ERRANTE (Illustrations de LANOS).

THÉATRE

MUSOTTE (*En collaboration avec* Jacques Normand). — LA PAIX DU MÉNAGE. — HISTOIRE DU VIEUX TEMPS.

POÉSIE

DES VERS (Illustr. de FRAIPONT).

Chaque volume : 3 fr. 50
ENVOI FRANCO CONTRE MANDAT POSTAL